浙江省哲学社会科学规划课题（18NDJC168YB）成果

思想政治研究文库

新时代红色文化进课堂

大课程思政建设

肖龙海　等◎著

光明日报出版社

图书在版编目（CIP）数据

新时代红色文化进课堂：大课程思政建设／肖龙海

等著．--北京：光明日报出版社，2023.5

ISBN 978－7－5194－7204－7

Ⅰ.①新… Ⅱ.①肖… Ⅲ.①思想政治教育—教学研

究 Ⅳ.①G641

中国国家版本馆 CIP 数据核字（2023）第 086397 号

新时代红色文化进课堂：大课程思政建设

XINSHIDAI HONGSE WENHUA JIN KETANG：DAKECHENG SIZHENG JIANSHE

著　　者：肖龙海　等	
责任编辑：刘兴华	责任校对：宋　悦　乔宇佳
封面设计：中联华文	责任印制：曹　净

出版发行：光明日报出版社

地　　址：北京市西城区永安路 106 号，100050

电　　话：010－63169890（咨询），010－63131930（邮购）

传　　真：010－63131930

网　　址：http：//book.gmw.cn

E－mail：gmrbcbs@ gmw.cn

法律顾问：北京市兰台律师事务所龚柳方律师

印　　刷：三河市华东印刷有限公司

装　　订：三河市华东印刷有限公司

本书如有破损、缺页、装订错误，请与本社联系调换，电话：010-63131930

开　　本：170mm×240mm

字　　数：173 千字　　　　　　　印　　张：13

版　　次：2023 年 10 月第 1 版　　　印　　次：2023 年 10 月第 1 次印刷

书　　号：ISBN 978－7－5194－7204－7

定　　价：85.00 元

红船精神

开天辟地、敢为人先的首创精神；

坚定理想、百折不挠的奋斗精神；

立党为公、忠诚为民的奉献精神。

——习近平

前　言

2006 年 5 月 30 日，时任浙江省委书记的习近平同志在《浙江文化研究工程成果文库总序》中指出："悠久深厚、意韵丰富的浙江文化传统，是历史赐予我们的宝贵财富，也是我们开拓未来的丰富资源和不竭动力。"他同时指出："我们应该看到，文化的力量最终可以转化为物质的力量，文化的软实力最终可以转化为经济的硬实力。"

习近平同志非常重视文化软实力建设问题，把它作为经济与社会发展的重要引擎。习近平同志对于文化建设的重视，时任浙江省文化厅厅长的杨建新感受很深。浙江于 2000 年出台《建设文化大省纲要》，习近平同志到浙江任职后，并没有另提口号，也没有另搞规划，而是继续扎实推进浙江文化大省各项建设工作，用实际行动真正做到了"一张蓝图绘到底"。习近平同志在推进文化大省建设过程中，深入系统地进行了多次调查研究。在此基础上，浙江省委于 2005 年 7 月召开了十一届八次全会，主题就是研究浙江的文化发展问题。①

---

① "习总书记主政那五年是浙江文化建设大步跨越迈入前列的五年"——习近平在浙江（十八）［N］.浙江日报，2021-03-25（7）.

　　据杨厅长介绍，习近平同志亲自担任文化研究工程指导委员会主任，这项工程的核心任务就是梳理发掘浙江的人文遗产和文化基因，传承浙江优秀传统文化，总结历史经验，凝聚和弘扬浙江精神，以文化的发展引领浙江的政治、经济、社会、生态建设和党的建设，实现全面发展。笔者的理解，习近平同志亲自担任主任，是因为这项工程是基础、是源头，把浙江精神梳理好，激发出来，就能调动人的积极性，带动浙江的整体发展。

　　加快文化大省建设，是解放和发展文化生产力，促进浙江文化建设走在前列的重要举措。全会通过了《中共浙江省委关于加快建设文化大省的决定》，进一步把准了浙江文化建设的方向，擘画了浙江文化工作未来的发展蓝图，加快了浙江文化大省建设的时代步伐。习近平总书记首次提出以"开天辟地、敢为人先的首创精神，坚定理想、百折不挠的奋斗精神，立党为公、忠诚为民的奉献精神"为主要内涵的红船精神，亲自提炼"求真务实、诚信和谐、开放图强"的"十二个字"浙江精神。这是以爱国主义为核心的民族精神和以改革创新为核心的时代精神的集中体现，构筑了浙江人民的精神空间，锚定了浙江发展的精神坐标。浙江文化研究尤其是浙江精神、浙江模式、浙江现象与浙江学术的有关研究，以及浙江优秀地方文化研究与发掘，诸如浙东学派、永嘉学派、温州区域文化（温州精神、温州模式、温州现象）、台州文化、宁波帮精神等蓬勃发展，形成了新的社科研究热点，掀起了新一轮文化大省建设热潮，有力地促进了浙江经济、社会、文化以及教育相互协调、可持续发展。

　　文化精神培育"三部曲"。浙江是中国革命红船起航地、改革开放先行地、习近平新时代中国特色社会主义思想重要萌发地。与时俱进的浙江精神，始终是支撑浙江干在实处、走在前列、勇立潮头的强大精神力量。浙江省社会科学院院长何显明指出，这"三个地"，生动书写出现代浙江精神的历史谱系，书写了新中国成立 70 年来浙江人民精神世界的自我革命历程。①

浙江文化精神是浙江教育的宝贵精神财富、生动鲜活的教科书，是广大青少年健康成长的文化"母乳"、精神食粮。近 20 年来，我们从经济、社会、文化与教育相互促进、协调发展的大教育观、大课程观出发，以校本课程与地方课程开发作为切入点与平台，努力打造具有鲜明特色、有较高识别度的文化精神培育"三部曲"："温州精神"进课堂、"浙商精神"进课堂、新时代"红船精神"进课堂。

"温州精神"进课堂。改革开放的伟大实践全面唤醒和激活了浙江区域文化传统的优秀基因，它将浙江民间经世致用、工商皆本、义利并行的价值观念与行为方式，转变成了波澜壮阔的大众化创业浪潮。温州人以"敢为天下先，特别能创业"的精神，创造了举世瞩目的经济奇迹，形成了独特的"温州模式"，吸引了全世界的目光。"创业精神"是温州精神的精髓。传承温州精神就是对广大青少年开展艰苦创业精神教育，培养有创业精神的年轻一代。其实我们认为：培育青少年艰苦创业精神，这不仅是温州青少年的必修课，也应该是全国青少年的必修课。"温州精神"校本课程开发是一种区域性校际联合开发行动。温州瑞安市有近 50 所中小学校参加此项校本课程开发，各合作学校之间同舟共济，通过国家与地方课程校本化实施、学校自主开发课程等途径，用广大青少年喜闻乐见的方式，以当代温州人艰苦创业的

---

① 何显明."三个地"书写浙江精神的历史谱系 [J]. 今日浙江，2019 (19)：20-21.

先进人物为"新英雄"、为榜样，引领学生在学习探索现代科学文化知识的同时，让他们领略温州精神的强大力量，感受温州人的创业魅力，从而继承并发扬先辈开创的优秀精神文化，成为有温州精神的一代新人。①

"浙商精神"进课堂。习近平总书记指出，在社会主义市场经济大潮中培育和成长起来的浙商群体，是全国最活跃的企业家群体。浙商已不是一个经济概念，其已成为一个文化概念。他还指出，浙商是浙江最亮的名片之一，已经成为浙江的经济形象和人文形象，成为外省干部群众看浙江的一个窗口（习近平，2007）。"浙商"企业家精神是新时期极具地方特色的、本土化的中国企业家精神。企业家精神的核心就是创新精神及其行动能力，企业家精神教育是创业教育的核心，是国民素质教育的重要组成部分。企业家精神是经济发展的内动力。企业家精神教育切入素质教育的核心，是实施素质教育的一个切入点；企业家精神教育要从青少年抓起，从中小学开始，逐步渗透到高等教育、职业教育以及终身教育之中，形成完整的国民创业教育体系。传承浙商精神，培养创业新人，对于培养有企业家精神的年轻一代、对于浙江经济社会的可持续发展，具有直接的现实意义和深远的历史意义。"浙商精神"校本课程开发以及地方课程开发，是企业家精神教育或者说创业精神教育进校园、进课堂的一种有效途径与方法。我们的调查结果表明，学校教师、学生和家长大多数是赞同此项校本课程开发的，这为"浙商精神"校本课程开发提

---

① 肖龙海."温州精神"教育的校本课程开发 [J]. 教育研究，2006（6）：83-85，96.

供了较好的前提条件和基础。①

新时代"红船精神"进课堂。"红船精神"与浙江精神不断双向建构、融合发展。开天辟地、敢为人先的首创精神，坚定理想、百折不挠的奋斗精神，立党为公、忠诚为民的奉献精神，无不与浙江区域文化的优秀精神传统息息相通；深受浙江区域文化气息滋润的"红船精神"，反过来在驱动浙江大地的社会革命实践过程中完成了对浙江区域文化精神一场深刻的革命洗礼，将浙江儿女的探索和奋斗汇聚到了践行中国共产党的初心和使命上。②

"红船精神"是习近平新时代中国特色社会主义思想的红色文化底色。"小小红船承载千钧，播下了中国革命的火种，开启了中国共产党的跨世纪航程，我们要结合时代特点大力弘扬'红船精神'。"③ 弘扬"红船精神"，全面唱响新时代主旋律，对于深刻把握习近平新时代中国特色社会主义思想，深入贯彻党的十九大精神，实现中华民族伟大复兴的中国梦，具有重大现实意义与深远历史意义。

习近平总书记在 2018 年的全国宣传思想工作会议等多个场合都有"要抓住青少年价值观形成和确定的关键时期，引导青少年扣好人生第一粒扣子"以及"让我们的青少年从小就烙上红色的印记"等重要指示。在世界各地不稳定因素快速增加和各种社会意识形态激烈碰撞的外部局势下，在中国共产党诞生 100 周年之际，进一步挖掘"红色精神"的课程价值，深入推进处于人生

---

① 肖龙海.创业教育的价值取向及实践路径：兼论企业家精神教育［J］.教育研究，2011（3）：69-72.

② 何显明."三个地"书写浙江精神的历史谱系［J］.今日浙江，2019（19）：20-21.

③ 习近平：铭记党的奋斗历程时刻不忘初心　担当党的崇高使命矢志永远奋斗［EB/OL］.人民网，2017-11-01.

"拔节孕穗期"的青少年的国民教育，是民族大计，也是未来大计。真学、真懂、真信、真用。学习与传承"红船精神"，深入推进全社会"红船精神"学习教育实践活动，尤其是深入推进"红船精神"进教材、进课堂、入人心，让"红船精神"代代相传，培养具有红色文化底蕴的时代新人，是一场伟大而深刻的社会教育革新实践。我们必须依据教育规律，围绕"红船精神"的教育对象、目标、内容与方法、评价等核心问题，科学有效地扎实推进全社会动员、全民参与、全过程落实、"真学真用"的"红船精神"学习教育实践活动。①

先进文化的弘扬传承者。"以教人者教己"（陶行知，1928）。研究是再学习的过程，教学是再教育的过程，首先是自己教育自己的过程。弘扬传承先进文化，首先我们自己（研究者、教师等）要做先进文化的弘扬传承者、自觉践行者，我们研究者、教师自己如果做不到、不会做，而是要教他人、教学生怎么做，就是毫无意义的空洞说教。在文化精神培育"三部曲"研究建设过程中，我们一次次反复受到文化精神的熏陶、洗礼，不断洗心革面，自觉要求自己不仅把论文写在祖国大地上更要落实到行动上，从改变自己开始，影响他人、引领变革与社会可持续发展。高等院校有关专家教授和研究生、中小学一线教师、教育行政部门管理人员、传播媒体人员等，共同参与了文化精神"三

---

① 肖龙海. 真学真用，深入推进"红船精神"教育实践活动［EB/OL］. 光明网，2019-04-08；央广网、中国网、中国新闻网、中国青年网、人民政协网、文汇网、凤凰网、中国江苏网、齐鲁晚报网、大河网、中国首都网、湖北日报网、腾讯网、搜狐网、中国军网、东方资讯、神州学人、内蒙古新闻网、宁夏新闻网、东北网、当代先锋网、南昌新闻网、中国甘肃网、黑龙江新闻网、内蒙古自治区人民检察院网、大众网、海南人民检察院、天涯正义网、河青新闻网等公众网站纷纷转载了此文。

部曲"工程建设，协同促进了先进文化建设以及大教育、大课程发展。新时代"红船精神"进课堂项目研究人员除大学专家教授作为主体外，很多本科生、硕士研究生、博士研究生、访问学者都参与其中。

笔者作为项目发起人与主持人，很多老师、同学的第一反应就是"先锋派"。2017年10月31日下午，党的十九大刚刚闭幕，习近平总书记带领中央政治局常委到浙江嘉兴南湖瞻仰红船，发表了重要讲话，要求结合时代特点大力弘扬"红船精神"。笔者在这学期给本科生开的"课程理论与实践"课上，就结合课堂学习方式改革与创新，发布了"红船精神创新学习设计案例"项目，学生分组自主选择一种新学习方式尝试设计，作为平时的一次作业。项目一发布，同学们积极响应，跃跃欲试，书里所呈现的几个案例，就是班里几个学习小组的设计成果。虽然他们缺乏教学经验，设计得比较稚嫩，仍有参考借鉴价值，更重要的是学生们已经成功地迈出了第一步。甄丹蕾、邵卓越、张钰梅、李瑶瑶、侯媛、蔡小瑛、陈兰、张玮逸、周晴雪、张云岫、洪清扬、陆晨超、周楷、祝忆侬、竺子健、周炼、张谧谧、马小珺、任洪阳、热依拉·托呼提、潘鲲鹏、张文彬、缪大万、陆佳杨、沈欣宜、童颖之、金雨宸、洪欣银、李大臣等同学的项目设计被选入了书中，还有的小组的成果没有选编进来。也是在同一学期，我为研究生的"课程与教学专题研究"课设计的课程考核项目，就是"红船精神"教育项目，要求结合课程与教学理论探讨红船精神如何进学校、进课堂、进脑袋。杨佳欣、王艳、张丽倩、耿婷、陈金慧、葛益岑、毛月、管颐、黄毓琦、盛呈燕、谢一凡、于冬梅等同学的研究报告部分内容被选入本书中。浙江传媒学院马克思主义学院马九福博士、副教授在浙江大学教育学院做访问学者期间，参与了"红船精神"教育研究项目，撰写了《"红船精神"领航"浙商精神"再创辉煌》，收编在本书附录中；浙江中医药大学史晓琼老师一直跟进"红船精神"教育，在有关前期研究的基础上，做过"红船精神"研究现状综述以及青少年理想信念教育探讨。北京师范大学博士研究生曹宗清参与"红船精神"进课堂的课程开发研究①，浙江大学教育学院马云飞博士研究生参与"红船精神"进课堂创新设计案例研究，曹宗清和马云飞协助笔者整理了"红船精神"进课堂研究有关章节书稿。浙江大学教育学院侯留起博士研究生有关红色研学旅行的研究成果，以及山西的苗壮老师有关红色文化融入高中英语课程标准的研究成果等，因诸种原因目前尚未收录进本书。

新时代"红船精神"进课堂研究项目得到浙江大学社科培育基金的支持。这些年来，本项目也多次申报国家社科基金项目立项、全国教育科学规划项目立项以及教育部人文社科、思政专项任务项目、后期资助项目申请立项，未能如愿，或许是研究视角与研究水平有限。不忘初心，牢记使命。现在呈现在大家面前的是阶段研究成果，"其作始也简，其将毕也毕巨"，它将激励我们继续推进新时代"红船精神"、建党精神进课堂研究与实践，传承红色基因，培养时代新人。

肖龙海

2021 年国庆节于浙江大学教育学院

---

① 曹宗清，肖龙海．课程视域下"红色精神"融入国民教育的研究：以"红船精神"为例［J］．教育理论与实践，2021（10）：49-54.

目　录
CONTENTS

第一章 新时代"红船精神"
教育传承研究述评

小小红船承载千钧，播下了中国革命的火种，开启了中国共产党的跨世纪航程，我们要结合时代特点大力弘扬"红船精神"。

——2017 年 10 月 31 日，习近平带领中国中央政治局常委专程赶赴嘉兴南湖瞻仰红船时指出

"红船精神"是习近平新时代中国特色社会主义思想的红色文化底色。结合时代特点大力弘扬"红船精神"，全面唱响新时代主旋律，对于深刻把握习近平新时代中国特色社会主义思想，深入贯彻党的十九大精神，实现中华民族伟大复兴的中国梦，具有重大现实意义与深远历史意义。

我们采用 Cite Space 可视化文献分析软件，以中国知网（CNKI）数据库作为"红船精神"研究的文献数据检索源，以"红船精神"为主题或关键词，时间范围选择 2005—2020 年（6 月 30 日），期刊来源类别为全部期刊，15 年来共检索到相关主题文献 769 条，经过笔者逐条筛选，去除心得体会、简介、会议通知等非学术文献内容，剩余文献597 条，以"Refworks"为输出格式，以 download. txt 为文件名，下载

并导出数据，采用 Cite Space 软件，并辅之以 CNKI 自带的可视化分析功能，对"红船精神"的作者、机构、关键词等进行可视化分析，以揭示研究的动态进展、热点问题，并展望发展趋势。

第一节 "红船精神"研究动态分析

针对"红船精神"文献发布的时间、发文作者、研究机构及期刊分布进行可视化分析，我们对"红船精神"的研究现状可以做宏观把握。

一、"红船精神"研究时间分析

某一领域学术论文数量的变化是衡量这一个领域发展态势的重要指标之一，通过对该领域内的文献分布做历史的、全面的统计和分析，不仅有助于准确掌握该领域所处的历史阶段，还有助于预测未来发展趋势。纵观国内"红船精神"研究，大致可以分为三个阶段（详见图1）：第一阶段为创生阶段（2005—2010 年），该阶段发文量较少，共发文 18篇。2005 年，习近平同志在《弘扬"红船精神"走在时代前列》一文中，首次提出"红船精神"的科学概念和深刻内涵，将早期中国共产党人的建党精神上升至理论高度。此后，国内学术界便围绕这一议题展开了分析与探讨，并取得了一些研究成果。这一阶段，"红船精神"的研究主要集中在探讨"红船精神"内涵、意义、核心价值以及价值取向方面，总体而言研究成果较少，研究范围较窄。第二阶段为稳定发展阶段（2011—2016 年），该阶段发展较为平稳，共发文 180 篇，是前一阶段发文量的 10 倍。这一阶段学术界在已有研究基础上继续围绕"红船精神"从不同视角和维度展开了分析与探讨。该阶段相关研究内容集中在"红船精神"的弘扬与传承、与其他"红色精神"的对比与分析、与文化和思政教育的融合与建设等方面。相较于前一阶段,这一阶段对于"红船精神"的研究在范围上更广,在内容上更多,在层次上更深。第三阶段为快速发展阶段(2017—2020 年),该阶段发文陡增,共发文 571 篇。2017 年,在党的十九大胜利闭幕之后,习近平总书记带领新一届中共中央政治局常委同志,赴浙江嘉兴南湖瞻仰红船,重申"首创、奋斗、奉献"这三种精神要义组成的"红船精神"。随着"红船精神"再次被提及,相关研究发文量于 2018 年达到顶点,为 262 篇。这一阶段国内学者关于"红船精神"的研究进一步向纵深发展,研究内容主要集中在"红船精神"的时代价值和实践路径上。相较于前两个阶段,该阶段的研究内容主要集中在理论联系实际,探索"红船精神"传承路径方面。根据图 1 显示,2019 年关于"红船精神"的发文量较 2018 年有所回落但仍保持在较高水平,且根据知网自带的文献计量可视化分析软件预测 2020 年底有关"红船精神"的文献发文将会达到一个新的高点,基本与 2018 年持平。同时根据图 1 整体的发文趋势走向,可预见"红船精神"研究在未来几年之内仍会保持一定的研究热度。

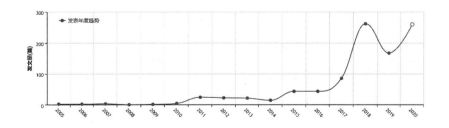

图 1 "红船精神"文献年度发文量分布

二、"红船精神"研究作者分析

对某一领域文献作者情况的准确把握对引导该领域进行跟踪研究具有重要作用，通过对"红船精神"文献作者的分布及合作状况进行统计分析，不仅可以清晰地了解该领域核心作者及发文情况，还有助于对该领域进行长期追踪研究。经统计，此领域目前发文量最高的学者为彭冰冰，发表相关文章10篇；其次为陈水林，发文量为7篇，但其中两篇文章在内容上有较大的重合；再次是邹建良、赵金飞，发文量为6篇；其后为郭维平、金延锋、张志松，发文量为5篇。其中，彭冰冰对于"红船精神"的研究主要集中在内涵解读和价值探析等方面，其刊发在《思想教育研究》期刊上的《"红船精神"的思想政治教育价值探析》一文被引次数最高，为23次，其文章总被引次数为59次；陈水林在该领域的研究主要集中在"红船精神"的概念、形成、发展、意义及与中国梦的关系，其发表在《红旗文稿》上的文章《论"红船精神"》被引量最高，为31次，但该文章与其发表在《今日浙江》上的《论红船精神》在内容上高度重复，其文章总被引次数为67次；邹建良在该领域的研究主要集中在"红船精神"与校园文化建设，以及"红船精神"与思政教育的实践探索等方面，其刊发在《中国高等教育》上的《创新特色教育模式打造"红船精神"传承之地》及《思想政治课研究》上的《"红船精神"融入思想政治课实践教学的探索与实践》被引量最高，都为11次，其文章总被引次数为44次；赵金飞对于该领域的研究则主要集中在"红船精神"深刻内涵、重大意义及党建价值等方面，其与黄文秀、郭维平等人一起在《嘉兴学院学报》上发表的《习近平"红船精神"论述的深刻内涵及重大意义》被引次数最高，为15次，其文章总被引次数为34次。

此外，对核心作者及其之间的关系进行适当聚类，得到作者合作共现知识图谱（详见图2）。可以发现，该领域独立作者较多，合作者较少，且合作范围较窄，多为两两合作。其中，图谱字体大小代表作者发文量的多少，作者间的连线表示其存在合作关系。从图2可以发现，发文量较多的邹建良和姚兰英、石慧、田云刚与唐明亮、刘超与刘学娇、赵金飞和郭维平、肖建杰与郭维平等之间存在合作关系。综上，我国关于"红船精神"的研究已经形成一定数量的作者合作群，但存在大的合作群体缺少，小的合作群体较多的现象。因而，在未来需要不断加强作者间的合作交流，共同开展系统性的协作研究，形成高效、协同、开放、创新的"红船精神"研究共同体，从而促进"红船精神"研究的良性循环与可持续发展。

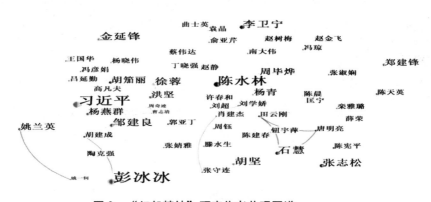

图2 "红船精神"研究作者共现图谱

三、"红船精神"研究机构分析

某一领域研究机构分布特征的准确把握对明晰该领域知识体系的发

生、发展和演变具有重要作用，通过对"红船精神"领域内的研究机构进行系统的分析和评估，不仅可以得出不同机构在"红船精神"研究领域的科研实力，又可以为该领域内机构间的交流与合作及人才的培养与引进提供科学指南。经统计发现，嘉兴学院发文量最多，为96篇；中共嘉兴市委发文量居其次，为23篇；中共浙江省委发文量为21次。可以发现，发文量前三名的研究机构在地理位置上皆位于浙江，这与浙江尤其是嘉兴南湖是"红船精神"发源地密切相关。此外，嘉兴职业技术学院、嘉兴日报报业传媒集团、嘉兴学院南湖革命纪念馆、吉林大学等发文量分别为17篇、13篇、5篇以及3篇。可见，对于"红船精神"的研究已经初步形成了政、校、企、旅多方研究，共同参与，协调推进"红船精神"传承与发扬的初步态势。

此外，通过 Cite Space 生成的机构合作共现知识图谱可以发现当下学术界在"红船精神"研究方面的机构合作状况。整体而言，机构间合作较少，多为独立研究。其中，仅嘉兴学院中国共产党革命精神与文化资源研究中心与嘉兴学院马克思主义学院，嘉兴学院红船精神研究中心与嘉兴学院商学院和嘉兴学院平湖校区之间存在合作关系。由上述合作关系可以发现，当下国内对于"红船精神"研究的机构间合作有限，大多仅限于浙江省内或是院校内不同院系间进行合作的现象。上述合作模式有利于进一步完善"红船精神"的系统化研究，聚合该领域研究的合力，但是不利于"红船精神"在全国范围内弘扬传播，不利于信息的共享与交流，容易形成两极分化。因此，在未来的研究中有必要组织全国相关研究单位与机构到"红船精神"发源地嘉兴进行学习与交流，通过加强全国不同地区、不同学校以及不同机构之间的专业交流与合作，进一步促进"红船精神"在全国的弘扬传承与学习实践。

第二节　"红船精神"研究热点分析

关键词作为文献的精华与核心，是作者对文章内容的高度凝练与概括，在一定程度上可以用来反映某一主题、某一领域的研究热点。通过文献计量数据统计及可视化知识图谱结果显示，与"红船精神"结合研究比较密切的关键词有：新时代、共产党人、中国共产党、嘉兴市、大学生、高校、思想政治教育、首创精神、习近平新时代中国特色社会主义思想、全面从严治党等，为进一步分析高频关键词间的亲疏关系，有效挖掘潜在信息，揭示当下"红船精神"研究的主题和热点，研究结合关键词共现知识图谱以及在二次阅读分析的基础上，发现"红船精神"研究主要集中在以下五个方面：

一、系统性研究，以主体论阐述"红船精神"的内涵本源

2005 年 6 月 21 日，时任中共浙江省委书记的习近平同志将"红船精神"的科学内涵提炼为"开天辟地、敢为人先的首创精神，坚定理想、百折不挠的奋斗精神，立党为公、执政为民的奉献精神"[1]。自此，学术界开启了对"红船精神"的关注并不断升温，尤其是党的十八大以来，在"红船精神"的理论渊源、时代价值、守正创新等方面形成了一系列研究成果。其中对于"红船精神"——首创、奋斗、奉献精神的内涵本源，不同学者从不同的视角进行了解读。如彭冰冰认为从本质属性来看，首创精神是马克思主义的革命精神，奋斗精神是马克思主义的实践精神，奉献精神是马克思主义的人文精神[2]；王哲，赵潇

楠认为"红船精神"体现为理想、信念、品格三个精神高地[3]；杨晓伟则从意象思维的视角对"红船精神"这一命名进行了解读，他认为从基本要素来看，"红船精神"体现了"观象"——"取象"——"复造象"的创造性思维过程，其中"红"具有政治隐喻功能的政治方向之意，"船"具有现实场域的方向之意，二者合在一起，体现以共产主义理想为正确航向的方向感和方位感[4]。

二、科学性研究，以本体论阐述"红船精神"的科学定位

概括而言，学术界对"红船精神"的科学定位可以用"继往开来"四字形容。首先，既往：红船见证了中国共产党的诞生，把"红船精神"定位于中国共产党的建党精神是对其最根本的理论定位。[5]"红船精神"形成的历史依据、理论来源、文化根基、实践基础分别是近代中国救亡图存的历史任务、马克思主义、中华优秀传统文化和早期马克思主义者的建党实践。[6]"红船精神"是中国共产党建党初期的革命精神的历史坐标。[7]其次，开来：从思想文化建设角度来讲，"红船精神"不仅是中国革命文化的重要内容，更是中国特色社会主义先进文化的重要体现。"红船精神"是重塑信仰缺失的强大思想武器和践行社会主义核心价值观的内在追求。[8]"红船精神"是新时代坚持和发展中国特色社会主义的坚强精神支撑。[9]

三、整体性研究，以价值论阐述"红船精神"的时代意义

"红船精神"是中国共产党在各个革命历史时期不断前行的精神动力，见证了中国人民从站起来到富起来再到强起来的光辉之路。在革命

战争年代，"红船精神"是激励中国共产党从弱小到强大、从失败走向胜利的精神之源；在新中国成立以后，"红船精神"是激励中国共产党团结带领各族人民从温饱到小康、从落后到现代、从贫穷到富有的不竭动力；新时代，实现中华民族伟大复兴的中国梦，仍需要"红船精神"的持续引领和激励。[10]"红船精神"是新时代中国特色社会主义的重要政治资源和宝贵精神财富，能够为共产党人完成新时代历史使命提供历史镜鉴。[11]深入了解"红船精神"是新时代我国党风、政风建设的必然要求[12]，有助于加强党的先进性建设，有助于培养新时代合格的社会主义建设者和接班人[13]。"红船精神"不断引领党的前进方向[14]，其中奉献精神是"红船精神"的本质，是中国特色社会主义事业走向辉煌的根本宗旨和道德要求。"红船精神"的历史与时代价值正如习近平总书记所讲："秀水泱泱，红船依旧；时代变迁，精神永恒。"[15]

四、实践性研究，以方法论阐述"红船精神"的实践探索

"红船精神"在中国革命不同的发展历程中，兼容并蓄，整合吸收，催生了井冈山精神、西柏坡精神、长征精神、延安精神、抗战精神等众多革命精神，它们一脉相承、薪火相传，构成"红船精神"独特的文化主体。[16]从"红船精神"的教育目标分析，"红船精神"是思想政治课的重大理论创新和历史文化资源，是明确创新创业教育实践指向的方法论，是青年马克思主义学子培养的精神动力和活教材。从"红船精神"的地域研究分析，"红船精神"是习近平同志在浙江任职期间重要思想理论结晶，浙江经验为"红船精神"的传承与弘扬提供了实践范本。[17]浙江在全国率先推行"最多跑一次"改革，是对"红船精神"的生动实践，有助于推动简政放权、放管结合、优化服务，切实

转变政府职能、推进政府治理现代化和落实党为民服务的根本宗旨。[18]以嘉兴市为例对"红船精神"的传承与实践的路径进行了研究，认为当前"红船精神"的传承实践要融入学校思想政治理论课程教学、校园文化建设、强化社会传播机制、融入地方党建教育，通过课程、讲堂、纪念馆、话剧、情景剧、品牌节日、文化产业、红色旅游等多种形式实现"红船精神"的有效落实。[19]

五、关联性研究，以生成论阐述"红船精神"的思想逻辑

"红船精神"生成逻辑包括文化逻辑、时代逻辑、实践逻辑，精神实质包括思想解放与实事求是的统一、民族品格与历史使命的统一、群众路线与党的建设的统一。[20]"红船精神"在历史形成中就展示了其不凡的伦理价值，是社会主义伦理价值的逻辑起点。[21]从逻辑上对其逻辑起点做出尝试性解读，"红船精神"的历史起点是不忘初心、牢记使命，实践起点是奋斗奉献、首创实干，理论起点是一脉相承、相互贯通，组织起点是拥护领袖、紧跟核心。[22]"红船精神"与高校立德树人教育有着内在的统一性，对培养建设新时代中国特色社会主义的时代新人具有重要价值。[23]党的十八大以前，学者倾向于探讨红船精神核心概念、基本特征、历史脉络、承载价值；党的十八大以后，集中于探讨中国梦、全面从严治党、社会主义核心价值观等；党的十九大以后，着眼于中华优秀传统文化、完善治理能力与治理体系、实现四个伟大等，红船精神正确认识和发展了马克思主义，在不同社会时段推动共同社会追求产生思想共鸣和精神延续。

第三节　"红船精神"研究述评与展望

马克思认为,作为总体性的社会是过去、现在、未来三者的有机统一,表现在人类实践活动的不断流动的历史过程。"红船精神"不仅属于历史,更要站在现实和未来的视角审视其发展趋势。自"红船精神"提出以来,各界对"红船精神"进行了多角度、多层次、多维度的研究与实践,也反映出"红船精神"研究是一项系统性工程。当前学界关于"红船精神"的研究表现出以下特征:第一,关于"红船精神"研究领域趋于稳定,但研究规模不足,"地方主义"色彩浓厚;第二,出现了较为核心的研究作者,但尚未形成核心作者群;第三,"红船精神"研究的载文期刊相对集中,实证类研究偏少,学术影响力不高;第四,研究主题词渐趋稳定,但同质化程度较高,学术视域有待拓展;第五,研究方向呈现多元化趋势,并不断随着时间的推移而凸显出新的前沿性研究热点。根据2005—2020年"红船精神"研究图谱的可视化分析和近年来的相关大力弘扬"红船精神"的政策文件,可以预测未来"红船精神"研究重点有以下四个方面:

一、"红船精神"的时代价值将成为研究领域的热点话题

"红船精神"代表了共产党人的初心和使命,凝聚着无数共产党人的奋斗理想和价值追求,是长征精神、井冈山精神、延安精神等革命精神的生发之源,其历史地位和重大价值不言而喻,这一点学界已有共识。如段治文和马赛认为"红船精神"的价值取向与中华民族伟大复兴中国

梦的内在要求具有根本一致性[24]；王连桥认为"红船精神"蕴含了历史经验的启示功能、政治文化的导向功能、主流价值的传承功能等价值功能[25]；黄文秀认为"红船精神"具有重要的育人价值[26]。但也可以发现当前学界对于"红船精神"时代价值的解读和挖掘还有待进一步深化和提升，应超越历史价值、政治价值、育人价值等一般化解读，深挖其在社会领域、军事领域及经济领域的价值潜力，推动"红船精神"时代价值研究的纵深化和全面化。在新时代背景下，大力推进红船精神的时代价值研究有助于坚定共产党人的初心、汇聚各方思想的共识、凝聚团结奋进的力量，进而推进中国特色社会主义伟大事业的全面进步，为实现中华民族伟大复兴和两个一百年奋斗目标提供不竭动力。鉴于"红船精神"蕴含的多样价值潜力，如何更好地挖掘和发挥"红船精神"的时代价值必将成为未来"红船精神"研究领域的热点话题。

二、"红船精神"的融合研究将成为研究领域的重要话题

当前，学界倾向于探讨"红船精神"的历史语境、本原机制、内涵解读、思想政治教育价值以及党建价值等方面的内容。但缺乏对"红船精神"的多角度的探讨，如"红船精神"与工人运动、"红船精神"与红船人物、"红船精神"与共产国际、"红船精神"与马克思主义大众化等。遗憾的是，学术界鲜有以上视域的专门研究或系统性成果。此外，还有部分成果的学术视野亟待拓展，比如"红船精神"与其他中国共产党精神的关系，已有研究多是从时代背景、精神内涵等方面进行浅层次比较。作为中国共产党精神源泉的"红船精神"，其基因在井冈山精神、长征精神乃至大庆精神、载人航天精神中得以延续和发展，但它们之间的内在逻辑关系、演变规律过程、转化动力机制等基本

理论问题研究的并不清晰。打通各个阶段精神的基因联系，对于更深地认识"红船精神"，把握其未来发展趋势具有重要意义，但这需要学术界整合研究力量、加大合作交流，共同开展系统性的融合研究，形成高效、协同、开放、创新的"红船精神"研究共同体。因此，对"红船精神"进行综合性研究将是"红船精神"未来研究的重要话题。

三、"红船精神"的实践路径将成为研究领域的潮流话题

当前，学界的大部分学者对于"红船精神"的守正创新研究局限在高校、地方党建和社会传播等方面，其中又以融入高校思想政治教育最为突出，思想政治理论课教学成为弘扬"红船精神"的主渠道，通过利用情境教学、视频图片、模拟教学以及第二课程的实地实践引领大学生全面发展；但隐性教育功能的深入研究较少。校园文化是增强"红船精神"影响力和生命力的重要载体，"红船精神"应当融入校园的物质文化、精神文化、制度文化以及行为文化，实现"红船精神"的全面融入，增强隐性教育的效果。此外，打造"红船精神"的社会传播机制，不仅依赖于文创产品、旅游模式、红色基地等物化设计，同时需突破传统媒介的局限，适应新媒体时代传播技术的有效手段，提高受众的认同感和获得感。同时，"红船精神"教育应拓宽研究领域，丰富研究内容，如"红船精神"引领社会教育、国民教育、地方发展、企业发展以及融入中华民族伟大复兴中国梦等。高校作为实践"红船精神"教育的重要场所，今后一段时间内仍将是相关研究的重要力量，但如何全方位、全过程、成体系地挖掘"红船精神"的教育内涵是未来要不断思考和解决的问题。

四、"红船精神"的现代化研究将是研究领域的重大课题

2005 年 6 月 21 日，习近平总书记首次在《光明日报》发文对"红船精神"进行解读，2017 年 12 月 1 日，《人民日报》重新刊印习近平总书记文章，重申"红船精神"的内涵和精神价值。习近平总书记提出了"把'红船精神'贯穿于树立和落实科学发展观、构建社会主义和谐社会和加强党的先进性建设的实践上来"[27]的总要求。目前，"红船精神"的研究与国家发展、社会需求之间并不平衡，表现出一定的滞后性和错位性，无法及时满足不同主体的需要，无法及时将"精神力量"转化为现实生产力。中国特色社会主义现代化建设不仅是当下的社会主流，更是未来一段时间国家的战略安排，因此，加快推进"红船精神"的现代化研究不仅是现实社会的需要更是历史赋予的责任。可见，构建立足于中国大地、服务当代社会、面向现代世界的现代化"红船精神"思想理论体系，打造科学、规范、高效、创新的现代化"红船精神"践行机制将会是"红船精神"研究领域的重大课题。

参考文献：

[1] 习近平. 弘扬"红船精神"走在时代前列 [N]. 光明日报. 2005-06-21 (3).

[2] 彭冰冰. "红船精神"内涵的总体性解读 [J]. 井冈山大学学报（社会科学版），2016，37 (5).

[3] 王哲，赵潇楠. 学习弘扬"红船精神"努力铸就精神高地 [J]. 中共郑州市委党校学报，2017 (4).

[4] 杨晓伟. 基于意象思维的"红船精神"命名中共建党精神的合

理性［J］．毛泽东思想研究，2017，34（6）．

［5］邱巍．论红船精神的理论定位与实践定位［J］．嘉兴学院学报，2015，27（4）．

［6］赵金飞．论红船精神形成的社会历史条件［J］．观察与思考，2018（1）．

［7］邱小云．中国共产党革命精神的历史坐标［N］．光明日报，2013-04-21（11）．

［8］沈晔冰．论红船精神的文化意义［J］．观察与思考，2015（8）．

［9］李斌雄，任韶华．红船精神的基本内涵及其时代价值［J］．红色文化学刊，2018（1）．

［10］匡宁，陈晨．论"红船精神"的科学内涵及其传承与弘扬［J］．重庆科技学院学报（社会科学版），2018（1）．

［11］彭冰冰．论红船精神与共产党人的初心和使命［J］．嘉兴学院学报，2018，30（2）．

［12］再米娜·伊力哈木，韩隽．党风政风建设为何需要"红船精神"［J］．人民论坛，2018（7）．

［13］贾延林．红船精神及其当代价值探析［J］．法制博览，2018（26）．

［14］潘俊霖．从"红船精神"看中国共产党人的精神密码［J］．人民论坛，2018（10）．

［15］杜尚泽，霍小光．梦想，从这里起航——记习近平总书记带领中共中央政治局常委赴上海瞻仰中共一大会址、赴浙江嘉兴瞻仰南湖红船［N］．人民日报（海外版），2017-11-01．

［16］王英伟，孙新．把握"红船精神"内涵的四个维度［J］．沈阳大学学报（社会科学版），2020，22（2）．

［17］徐蓉."红船精神"在浙江的提炼与实践［N］.嘉兴日报，2018-08-19（3）.

［18］罗获发.红船精神与"最多跑一次"改革［N］.浙江日报，2018-02-12（11）.

［19］高敏霞，胡笛丽."红船精神"传承与实践的路径探析——以嘉兴市为例［J］.领导科学论坛，2020（5）.

［20］张涛.红船精神的生成逻辑、精神实质和传播策略［J］.理论建设，2018（6）.

［21］许惠芬.论"红船精神"的伦理动力与意义［J］.观察与思考，2018（3）.

［22］樊伟.论弘扬"红船精神"的逻辑起点［J］.思想理论教育导刊，2018（6）.

［23］桑璐，曲士英.红船精神融入高校立德树人教育的价值和路径［J］.齐齐哈尔大学学报（哲学社会科学版），2018（11）.

［24］段治文，马赛.论"红船精神"的时代价值与浙江实践［J］.嘉兴学院学报，2016，28（4）.

［25］王连桥."红船精神与习近平新时代中国特色社会主义思想"学术研讨会综述［J］.嘉兴学院学报，2018，30（1）.

［26］黄文秀.红船精神的育人价值［J］.中国高等教育，2018（5）.

［27］习近平.弘扬"红船精神"走在时代前列［N］.人民日报，2017-12-01（2）.

第二章　勇做新时代"红船精神"忠实践行者

一种价值观要真正发挥作用，必须融入社会生活，让人们在实践中感知它、领悟它。要注意把我们所倡导的与人们日常生活紧密联系起来，在落细、落小、落实上下功夫。

——2014年2月24日，习近平在主持十八届中央政治局第十三次集体学习时的讲话

大力弘扬"红船精神"，我们要认真贯彻落实习近平总书记有关论述、系列讲话与指示精神，"做到学、思、用贯通，知、信、行统一"，勇做新时代"红船精神"弘扬传承的忠实践行者。

第一节　做"红船精神"自觉践行者

习近平总书记在春季学期中央党校（国家行政学院）中青年干部培训班开班式上发表的重要讲话中强调："在常学常新中加强理论修养，在知行合一中主动担当作为。"武装头脑、指导实践、推动工作，落脚点在指导实践、推动工作；学懂弄通做实，落脚点在做实。要牢记

空谈误国、实干兴邦的道理，坚持知行合一、真抓实干，做实干家。"[1]习近平总书记号召我们，要自觉加强理论修养，自觉担当作为，知行合一，做实干家。

大力弘扬"红船精神"，我们更要知行合一，勇于实践，勇于做实干家。习近平总书记在谈到培养社会主义核心价值观时，曾多次强调要做到知行合一。培育和践行社会主义核心价值观决不能停留在"知"上，停留在学习号召、理论研究、宣传讲解上，而要落实到具体"行"上，落实到社会每个成员的实际行动中，让社会生活的方方面面彰显和绽放社会主义核心价值观的光彩。实干是最好的担当，行动是最美的语言。大力弘扬"红船精神"，我们必须以实际行动为导向，行动，行动，再行动，勇做新时代"红船精神"弘扬传承实践者。

一、用实际行动传承"红船精神"

马克思教导我们，一步实际行动比一打纲领更重要。没有行动就没有学习，没有学习就没有行动。先哲有云：不闻不若闻之，闻之不若见之，见之不若知之，知之不若行之。行动的真谛就在于"真实"，真实的人在真实的时间内解决真实的问题、完成真实的任务。弘扬传承"红船精神"，我们首先要行动当头、做实事、做好事，要在做好自己、服务人民、贡献社会的实际行动中真切感知、领悟"红船精神"，传承、坚守"红船精神"。习近平总书记强调："一种价值观要真正发挥作用，必须融入社会生活，让人们在实践中感知它、领悟它。要注意把我们所提倡的与人们日常生活紧密联系起来，在落细、落小、落实上下功夫。"[2]弘扬传承"红船精神"，我们必须要落实到自己日常生活、学习与工作细节中，从我做起，从现在做起，从小事做起；对自己负责，对他人负责，对家庭负责，对集体负责，对环境负责，对社会负责，对国家负责；自立自强，爱国守法，努力做最好的自己、绽放人生精彩；同时不忘关心他人、助人为乐、热心公益，积极参加志愿者活动，服务他人、服务集体、服务大众，努力做新时代服务他人、造福社会、贡献国家的首创者、奋斗者和奉献者。

二、用实际行动坚定红色信仰

理想信念是一个人思想的"总开关""精神钙"。习近平总书记强调："只有理想信念坚定的人，才能始终不渝、百折不挠，不论风吹雨打，不怕千难万险，坚定不移为实现既定目标而奋斗。"[3]说出不算，做出便见。弘扬传承"红船精神"，我们必须要用服务他人、奉献社会、贡献国家的实际行动坚定自己的红色信仰，坚定为人民谋幸福、为民族谋复兴的崇高理想信念。习近平总书记对开展"两学一做"学习教育做出重要指示："'两学一做'学习教育，基础在学，关键在做。要突出问题导向，学要带着问题学，做到针对问题改，把合格的标尺立起来，把做人做事的底线画出来，把党员的先锋形象树起来，用行动体现信仰信念的力量。"[4]美国哲学家、教育家杜威指出："观念（理智的和理性的过程）也是由行动引起的，并且为了更好地控制行动。我们所谓理性，主要就是有顺序的或有效的行动法则。要发展推理的能力、判断能力，而不参照行动方法的选择和安排，便是我们现在处理这个问题的方法中的一个重大错误。"[5]情绪是行动的反应，杜威说，如果力图刺激或引起情绪而不顾与此情绪相应的活动，便等于导致一种不健全的和病态的心理状态。情感、态度与价值观是行动的反应，是在相应的活动中激发、内化与外化的。弘扬传承"红船精神"，我们必须要在日常生活中自觉地向自己身边的先进人物、时代楷模学习，用自己的一言一行，用自己为他人服务、为集体服务、为人民服务的实际行动，体现我们的理想信念，展现我们的风采，坚定我们的红船初心，坚定我们的红色信仰。

三、用实际行动检验红船初心

恩格斯教导我们说，判断一个人当然不是看他的声明，而是看他的行动；不是看他自称如何如何，而是看他做些什么和实际上是怎样一个人。西方先哲有云：我们的行动就是我们的最后审判人。弘扬传承"红船精神"的实际成效如何，我们只能用自己的实际行动来检验。习近平总书记强调"学习的目的全在于运用"，他反复告诫我们，要反对学习和工作中的"空对空"。"读书是学习，使用也是学习，并且是更重要的学习。领导干部要发扬理论联系实际的马克思主义学风，带着问题学，拜人民为师，做到干中学、学中干，学以致用、用以促学、学用相长，千万不能夸夸其谈、陷入'客里空'。"[6]UbD（理解为先）学习理论认为，当学习者理解可迁移的概念和过程，给其提供更多机会将理解的内容应用到有意义、真实的情境时，才更可能获得长期的成效。[7]弘扬传承"红船精神"，见证红船初心，不是见口号、见报告、见表演，最关键的是要见实际行动、见真真切切的行动。在日常学习、工作与生活中，用我们服务他人、服务社会、贡献国家的实际行动检验、衡量、见证我们的红船初心，千万不能夸夸其谈、陷入"客里空"。

第二节 做"红船精神"主动实践者

浙江大学一位青年学生通过思政课的情景模拟、实地调研,扮角色、走基层、访市民,他对乡村振兴战略有了更深地认识,也对中国共产党为人民服务的根本宗旨有了更多的感触。这些教育实践类体验活动,触动学生心灵,播种红色信仰,激发他主动积极向党组织靠拢,并时刻以共产党员的标准要求自己,他在大三时终于光荣地成为一名共产党员。大学毕业后,他更是坚定地参加了中国青年志愿者扶贫接力计划研究生支教团,前往西部边远地区支教扶贫。他在支教扶贫中,充分利用所学,在教学上身体力行给学生们上好课;并利用学校的优势资源为西部基层的建设添砖加瓦;在返回学校后,又以自己在基层的实践经历为其他同学认识基层、探讨民族振兴富强之路提供最真切的情景素材[8]。

青年学生在丰富的社会实践活动中锻炼成长。一位青年学生成长的案例,是成千上万青年马克思主义者成长的缩影。他的成长经历,为广大青年学生,也为广大干部群众,大力弘扬新时代"红船精神",指明了一条被反复验证、成功可行的行动路径:实践,实践再实践,自觉践行新时代"红船精神"。

一、在实践中理解"红船精神"

实践出真知。任何事情只有通过自己亲身尝试,才能真正地认识、理解与运用。没有实践就不会有认识,理解实践也不能正确理解认识。习近平总书记在讲到加强干部尤其青年干部的理论学习时强调:"学懂弄通做实，落脚点在做实。要牢记空谈误国、实干兴邦的道理，坚持知行合一、真抓实干，做实干家。"[9]

弘扬传承"红船精神"，我们要勇于做实践者、实干家，身体力行、自觉自愿地去做为他人服务、为集体服务、为社会服务的实事、小事、身边事，从亲身体验、行动经验、实践经历中，认识与理解、继承与发扬"红船精神"。正是一次次情景体验、实地调研等实践类活动，青年学生才能够切身体会到"伟大思想的诞生、伟大人物的思考"，"对乡村振兴战略有了更深地认识，同时也对中国共产党为人民服务的根本宗旨有了更多的感触"[10]。习近平新时代中国特色社会主义思想、"红船精神"触动学生心灵，慢慢走进每个学生的心里。

二、在实践中坚信"红船精神"

理想信念是行动的先导、实践的产物。任何脱离社会实践、缺乏实际行动的理想信念教育活动，都是苍白无力的。行动的真谛就在于，真实的人在真实的时间里解决真实的问题或完成真实的任务。行动体现信仰，行动增强信念。我们必须要在火热的社会生活中，在服务他人、奉献社会的实际行动中，展现我们的红色信仰，坚定我们的理想信念，激发信仰信念的无穷力量。青年学生在社会实践类活动中受到感触、感染，逐步接受、认同了党为人民服务的根本宗旨，大学毕业后，他就坚定地参加了中国青年志愿者扶贫接力计划研究生支教团，前往西部边远地区支教扶贫，用自己的实际行动，坚信自己的红色信仰、理想信念。

三、在实践中检验"红船精神"

实践是检验"红船精神"教育效果的唯一标准。我们弘扬传承"红船精神"的实际成效如何？体现在哪里？只能体现在我们为他人服务、为人民服务的实际行动上，用我们的实际行动来检验我们的红船初心。马克思教导我们说，人应该在实践中证明自己思维的真理性，即自己思维的现实性和力量，亦即自己思维的此岸性。恩格斯教导我们说：判断一个人当然不是看他的声明，而是看他的行动，不是看他自称如何如何，而是看他做些什么和实际上是怎样一个人。在实践中检验"红船精神"，我们就必须要用继承与发扬"红船精神"服务人民大众的真实具体的实际行动，见证、衡量我们的红船初心。正如习近平总书记所强调指出的："学以致用、用以促学、学用相长，千万不能夸夸其谈、陷入'客里空'"[11]。青年学生参加中国青年志愿者扶贫接力计划行动，身体力行，教好自己的功课，做好自己的本职，为祖国西部基层建设贡献一份力量。他用自己的所作所为、以自己的实际行动，检验自己的初心使命，实现自己的人生追求与社会价值。

第三节　做"红船精神"积极行动者

习近平总书记在"不忘初心、牢记使命"主题教育工作会议上强调，要守初心、担使命、找差距、抓落实，确保主题教育取得扎扎实实的成效。在如何抓落实上，他反复强调了"行动"的重要性，抓落实就是要把新时代中国特色社会主义思想转化为推进改革发展稳定和党的建设各项工作的实际行动，把初心使命变成党员干部锐意进取、开拓创新的精气神和埋头苦干、真抓实干的自觉行动，力戒形式主义、官僚主义。学习理论要见诸实际行动，弘扬"红船精神"要转化为自觉行动，行动、实干、知行合一，是习近平新时代学习强国思想体系中一以贯之的核心理念。

不忘初心、牢记使命，大力弘扬"红船精神"，我们广大教育者应该如何传承与弘扬新时代"红船精神"？我们必须要认真贯彻落实习近平总书记系列讲话与指示精神，大力倡导行动学习，用我们的实际行动自觉践行新时代"红船精神"。

一、没有行动就没有学习，没有学习就没有行动

行动是为达到某种目的而进行的实践类活动。先哲有云，要做理论的实践者，而不是只做它的听众。如果你只是理论的听众而不是实践者，你是在雾里看花，过目即忘。但是如果你能发现真正的规律，你就会真正掌握它，你便不是一个过目即忘的听众，而是一个行之有效的实干者，你的行动也会获得祝福。英国行动学习倡导者雷格·瑞文斯（Reg Revans）指出：行动学习往往是由具有挑战性的真实问题驱动，参与者必须整合各自观点来集体解决问题，在这个过程中学习的发生是直接的、有用的、多层面的。行动学习致力于与渴望解决问题、难题的人一起共同努力，取得最佳的、实实在在的效果。[12]

二、行动贵在真实

行动的真谛就在于"真实"，真实的人在真实的时间内解决真实的

问题、完成真实的任务。首先，参与行动的人一定是真实问题的拥有者，对实践中的问题有切身感受，对问题形成的环境和成因有真切的看法，在行动的氛围中，能够表达出对问题的真实观点；其次，在真实的时间，就在问题发生的过程中，讨论问题，探究解决办法；最后，解决真实的问题，面对当前存在的自己工作中的具体问题，参与者们有很高的积极主动性。

例如，杭州市余杭区太炎小学在全面开展"争当铁军先锋、争做全省榜样"的红色党建活动中，学校党支部紧紧围绕学校教书育人的使命任务，结合学校党支部特点，积极开展"遇见更美的党员——3+X"党员先锋岗活动。"3"是指党员教师带好头，每学期上一节课改示范课、帮扶一名学生、带一名徒弟或同伴互助提升质量；"X"是指志愿者服务等行动，主要是"党员教师加班一小时，家长放心接孩子""党员护学岗""党员安全责任区"等活动，充分发挥党员教师的先锋模范作用，为提高学校教育教学质量、办好百年名校贡献力量，同时通过这种真实任务的完成，履职尽责，不断增强党支部的凝聚力、战斗力和影响力，推动支部党建工作再上一个新台阶。[13]

三、行动贵在坚持

行动就是身体力行地去实干、动手去做，而且是坚持不懈、持之以恒地去实干、实做。有一个这样的比方，与其靠研究过去奥运会的报告来刷新 2.04 米的跳高纪录，不如在露天体育场里不断练习来得更为有效。这就说明没有坚持不懈的努力，就没有行动的实际成效。行动不是一次性的、过节式的、应景式的短暂性任务，而是持续不断、持之以恒的连续性、完整性任务——几周或者几个月乃至几年之久的完整性任务。正如习近平总书记所指出的那样："我们要有钉钉子的精神，钉钉子往往不是一锤子就能钉好的，而是要一锤一锤接着敲，直到把钉子钉实钉牢，钉牢一颗再钉下一颗，不断钉下去，必然大有成效。"[14] 行动切不可虎头蛇尾，一定要坚持，坚持再坚持。

美国理解为先倡导者麦克泰（McTighe）的研究表明高质量的学习来自持续的评价、反馈和调整。持之以恒的行动离不开对行动过程的持续不断的跟踪记录、评估与反馈，否则，难以有高质量的、持续性的行动。例如，余杭区太炎小学"遇见更美的党员——3+X"党员先锋岗活动，就设计了每个学期活动的记录表，具体记录师生结对、师师结对、展示课完成情况（参见表1），还有活动记录手册，具体记录与描述活动目标、内容、时间、证据（照片）等，通过连续性的过程记录来评价活动开展的情况，促进活动的持之以恒与不断改进。

表1 余杭区太炎小学"3+X"党员先锋岗活动记录表（示例）

序号	校区	姓名	结对学困生	结对青年教师	展示课	备注
1	北1	YFT	☭	☭	☭	
2	北2	RHW		☭	☭	新转入
3	北3	WQS	☭	☭	☭	
4	北4	LJW	☭	☭	☭	
5	北5	LW	☭	☭	☭	
6	北6	CS	☭	☭	☭	
7	北7	GJS	☭	☭	☭	
8	北8	BL	☭	☭	☭	
23	北23	XQL	☭	☭	☭	

序号	校区	姓名	结对学困生	结对青年教师	展示课	备注
24	北24	CW	☭	☭	☭	
25	北25	ZLY	☭	☭	☭	
26	北26	JLY	☭	☭	☭	
27	北27	KXL	☭	☭	☭	
28	北28	YNZ		☭	☭	新转入
29	南1	JJX	☭	☭	☭	
34	南6	XFW	☭	☭	☭	
35	南7	JJC	☭	☭	☭	
36	南8	JYC	☭	☭	☭	
37	南9	ZLG	☭	☭	☭	
38	南10	LQS	☭	☭	☭	
39	南11	YD	☭	☭	☭	
56	退9	LGY	☭	☭	☭	

四、行动贵在自觉

自觉性是个体自觉自愿地执行或自主自愿地追求整体长远目标任务的程度。参与者在践行"红船精神"的实际行动上能够积极认知、热心、热情、投入，是具有相应自觉性的表现；而那种消极认知、冷淡、厌倦、懒散、逃避应付，则是不具有相应自觉性的表现。没有个人参与行动的自觉性，就没有行动的实际成效。习近平总书记一再强调自觉行动的重要性，弘扬"红船精神"要转化为自觉行动，要自觉践行社会主义核心价值观等。2014年5月4日，他在北京大学师生座谈会上说："道不可坐论，德不能空谈。于实处用力，从知行合一上下功夫，核心价值观才能内化为人们的精神追求，外化为人们的自觉行动。"[15]

行动学习需要与相关利益者一起设计、一起实施，方案的制定者同时又是方案的执行人，参与者主动执行、解决问题的意愿一定是强烈的，遇到困难时努力克服的自觉性也一定会强过领导的指令或外部专家给出的行动方案。余杭区太炎小学"遇见更美的党员——3+X"党员先锋岗活动，行动方案的制定者与执行者都是学校的党员教师，大家行动的自觉性积极性非常高，既可以解决学校教育中的实际问题，又确保党员先锋岗活动取得实际效果。

行动不是纸上谈兵，不是舞台展演，只要采取行动就可能带来失败的风险。但对那些不用采取行动的人来说，他们往往不会评估风险，也不关注结果，因此无法真正检视自己的核心价值观和信念假设，也无法展现行动学习的价值。如果能够自我评估、自觉检视自己的行动，那就达到了一种自我教育的自觉自愿的行动境界。

参考文献：

[1][9] 习近平在中央党校（国家行政学院）中青年干部培训班开班式上发表重要讲话 [EB/OL]. 新华网，2019-03-01.

[2] 习近平. 习近平谈治国理政：第一卷 [M]. 北京：外文出版社，2014：165.

[3] 习近平. 在纪念朱德同志诞辰130周年座谈会上的讲话 [EB/OL]. 央视网，2016-11-29.

[4] 习近平. 习近平谈治国理政：第二卷 [M]. 北京：外文出版

社，2017.

[5] 华东师范大学教育系，杭州大学教育系编译. 现代西方资产阶级教育思想流派论著选［M］. 北京：人民教育出版社，1980.

[6]［11］习近平. 习近平谈治国理政：第一卷［M］. 北京：外文出版社有限公司，2014：406.

[7] 格兰特·威金斯. 理解为先模式：单元教学设计指南（一）［M］. 盛群力，译. 福州：福建教育出版社，2018：7.

[8]［10］肖翔匀. 信仰，传承在思政课堂上［N］. 光明日报，2019-03-30（7）.

[12] 雷格·瑞文斯. 行动学习的本质［M］. 郝君帅，译. 北京：机械工业出版社，2016.

[13] 杭州市余杭区太炎小学内部资料.

[14] 习近平. 习近平谈治国理政：第一卷［M］. 北京：外文出版社，2014：400.

[15] 习近平. 习近平谈治国理政：第一卷［M］. 北京：外文出版社，2014：173.

第三章　新时代"红船精神"引领教育高质量发展

共和国是红色的，不能淡化这个颜色。无数的先烈鲜血染红了我们的旗帜，我们不建设好他们所盼望向往、为之奋斗、为之牺牲的共和国，是绝对不行的。不能被轻歌曼舞所误，不能"隔江犹唱后庭花"。

——2019 年 3 月 4 日，习近平看望参加全国政协十三届二次会议的文化艺术界、社会科学界委员时表示

第一节　青少年"红船精神"教育

一、在青少年中开展"红船精神"教育的必要性

（一）青少年在国家发展中的重要地位推动青少年"红船精神"教育的开展

众所周知，青少年在国家发展中占据着重要的作用，是国家的未来和希望。早在 100 多年前，梁启超就寄希望于"少年"——"少年智则国智，少年富则国富，少年强则国强，少年独立则国独立，少年自由则

国自由,少年进步则国进步……"。

百年后的今天,我国的基本国情发生了根本性的变化,经济、政治、文化、社会、生态等方面都发生了翻天覆地的变化。当前,我国已经全面建成了小康社会,中国特色社会主义进入了新时代。自党的十八大以来,以习近平同志为核心的党中央高度重视青少年和共青团工作,亲切关怀青少年健康成长。习近平总书记围绕青少年和共青团工作发表了一系列重要论述(详见附:表2),其中一句"青少年是国家的未来和民族的希望",浓缩了当代青年的历史使命和成长道路,更饱含深情和寄望:少年智则国智,少年富则国富,少年强则国强。此外,2017年的"五四"前夕,中共中央与国务院还印发了新中国历史上第一个青年发展规划——《中长期青年发展规划(2016—2025年)》。[1]可以说,在当前的历史时期下,青少年受到了前所未有的重视,而这对青少年提出了更高的要求。

习近平总书记对青年的理想信念、奋斗拼搏、创新、价值观等多方面提出了要求,他强调"当代青年必须牢固树立中国特色社会主义共同理想,为实现中华民族伟大复兴的中国梦不懈奋斗"[2];"当代中国青年要有所作为,就必须投身人民的伟大奋斗。同人民一起奋斗,青春才能亮丽;同人民一起前进,青春才能昂扬;同人民一起梦想,青春才能无悔。"[3]"要敢于做先锋,而不做过客、当看客,让创新成为青春远航的动力,让创业成为青春搏击的能量,让青春年华在为国家、为人民的奉献中焕发出绚丽光彩;广大青年要自觉践行社会主义核心价值观,不断养成高尚品格。"[4]……而这恰恰与"红船精神"的内涵(首创、奋斗、奉献)有着高度的一致性,因此,在青少年中开展"红船精神"教育有利于充分发挥青少年在国家未来发展中的重要作用,从而推动国家及社会的发展。

（二）我国青少年的发展现状呼唤青少年"红船精神"教育的开展

新的历史时期下，青少年在国家发展中的重要地位对当代青少年提出了更高的要求。然而，随着经济全球化和互联网技术的发展，社会环境日益复杂，我国青少年的发展呈现出一些与社会发展不协调的新特点与新趋势，这将不利于青少年推动国家建设作用的发挥，甚至会阻碍国家与社会的发展。

当前，我国对青少年发展现状的实证研究还较少，在仅有的研究中有很大一部分集中于某一具体的区域，因此很难对我国青少年的发展现状有全面而精准的认识。然而，我们仍可以从有限的研究中对我国青少年发展的特点与趋势有一定程度的把握。

中国青少年研究中心在进行了三次"中国少年儿童发展状况"调查（1999年、2005年、2010年）的基础上，整理分析数据并发布了《调查报告：我国少年儿童成长中值得关注的五大问题》。报告指出，当前少年儿童"学习积极性略有下降，学习满意度有所上升，学历期望日趋现实，学习目的个人价值取向日渐高于社会价值取向"[5]。

余双好在开展青少年思想道德的实证研究后，总结了新的历史条件下，青少年思想道德观念的新特点——"人生目标明确，人生追求积极有为，但更多偏重个人因素；人生幸福观多元务实，家庭幸福多元务实，家庭幸福成为人生幸福观的新元素，但理想主义的精神有所欠缺；生活态度积极乐观，对人的态度总体肯定和信任，但人际顾虑和不信任成分在增长；人生价值评价标准内在化，强调个人成功的内控因素，个人利益在人生价值的成分中日益明显"[6]。

一项关于我国当代青少年责任感的调查研究发现，"在包括自我责任感、人际责任感和社会责任感三个维度中，青少年人际责任感得分最高（4.86），社会责任感（4.55）得分最低，呈现出结构维度的发展不均衡性"[7]。

另一项关于都市青少年创新能力发展的研究中,研究者指出"采用创造力自我报告量表(RIBS)对我国都市青少年的创新能力进行测量,所得总体平均分为 35.52 分,其中大学生群体的创新能力得分为 36.65 分,低于美国大学生群体的创新能力得分"[8]。

从上述研究中,可以看出当前我国青少年发展呈现出个人主义价值倾向相对严重,社会责任感较低,创新能力较弱等特点。而这些恰恰是"红船精神"的内涵所体现的,即首创精神、奋斗精神、奉献精神。在青少年中开展"红船精神"教育有利于改善我国青少年发展现状,提升我国青少年的思想道德水平、社会责任感及创新能力,从而为推动社会主义现代化建设贡献力量。

二、在青少年中开展"红船精神"教育的可行性

(一)党中央对青少年的重视为开展青少年"红船精神"教育提供了良好政策环境与支持

如前所述,在新的历史背景下,青少年受到了前所未有的重视。而习近平总书记围绕青少年和共青团工作发表的一系列重要论述及中共中央与国务院印发的《中长期青年发展规划(2016—2025 年)》都为青少年红船精神教育的开展提供了良好的政策环境。同时,党和国家也进一步明确中国特色社会主义青年发展方向,全面加强对青年的思想政治引领和成长成才服务,制定实施了一系列促进青年发展的政策措施,激励引导青年与民族同命运、与祖国共奋进、与时代齐发展,为广大青年指明了正确成长道路,创造了良好成长环境。党和国家的关心、支持和推动都有利于在青少年中开展"红船精神"教育。

（二）前期"红船精神"研究与实践为青少年"红船精神"教育提供了良好基础与借鉴

自 2005 年正式提出"红船精神"理论以来，关于"红船精神"的研究逐渐受到学术界的重视，从"红船精神"的理论与实践的多个视角和层面进行了较为系统、全面的研究，已经取得了一些阶段性研究成果。当前，学界对"红船精神"的内涵、价值、历史地位等问题都有较为全面的认识，这为青少年红船精神教育的开展提供了良好的知识基础。

同时，伴随着"红船精神"理论的提出，"红船精神"教育的实践也开展起来。然而，这些教育实践还大多停留在党员层面，对党员以外的群体开展"红船精神"教育的实践非常少，但我们仍然可以从这些实践探索中汲取经验与教训，推动青少年"红船精神"教育的开展。其中，嘉兴学院对红船精神"三进"育人模式的探索是在大学生群体中开展红船精神教育的案例，能为青少年红船精神教育的开展提供直接的经验借鉴。有研究者从分析当代大学生思想教育现状与特点出发，提出适合大学生思想教育特点的"红船精神"宣传教育路径与方法，将"红船精神"与高校思想品德课程结合起来，用"红船精神"引领校园文化建设，用"红船精神"指导学生社会实践，注重利用网络宣传"红船精神"，利用红色文化影视作品，传播"红船精神"。[9]这些路径与方法都为在青少年群体中开展"红船精神"教育提供了有益借鉴。

（三）科尔伯格的认知发展理论为青少年"红船精神"教育开展提供了理论支持

劳伦斯·科尔伯格是美国儿童发展心理学家，其继承并发展了皮亚杰的道德发展理论，着重研究儿童道德认知的发展，提出了"道德发展阶段"理论。科尔伯格的认知发展理论为我国青少年"红船精神"教育的开展提供了理论支持。

目前，已有相关研究探索了科尔伯格的认知发展理论对我国青少年思想道德教育及德育的启示。如刘晶在对科尔伯格道德认知发展理论进行了全面阐述和评价之后，通过比较思想政治教育与道德教育的异同，挖掘出道德认知发展理论与思想政治教育的关联，并具体论述了如何将道德认知发展理论与我国青少年思想政治教育相结合。提出我国青少年思想政治教育在教育模式建构上应从"被动灌输式"转向"主动交往式"；在教育目标设定上应重视培养青少年的思想政治品德判断能力，促进青少年思想政治品德认知结构的提高；在教育内容选择上应始终坚持科学、开放、可持续发展的原则；在教育策略实施上应采用一种生态性教育策略等一些比较独特、创新的见解。[10]石晓雪则从德育目标、德育内容、德育方法和德育途径四个方面系统地探索了科尔伯格道德教育实践论对我国青少年德育教育的启示。其指出，我国青少年的德育应调整德育目标，切实提高德育目标内涵的科学性；完善德育内容，为德育内容注入更多新鲜"血液"；转换德育方法，激发德育动力；扩大德育途径，优化育人氛围。[11]

上述研究表明，科尔伯格认知发展理论为我国青少年思想政治教育及德育教育提供了有利的理论支持，而青少年"红船精神"教育作为新时代下青少年思想道德教育和德育的重要组成部分也应借鉴科尔伯格认知发展理论的有益启示。

当前，在社会主义建设新时期，在青少年中开展"红船精神"教育既是必要的，也是可行的。在回答了"为什么"这一问题后，我们不得不面临另一个重要问题——"怎么办"，即如何在青少年中开展"红船精神"教育。"怎么办"这一问题往往比"为什么"更复杂，而在回答这一问题时我们也将面临更大地挑战。

参考文献：

[1] 中共中央，国务院.中长期青年发展规划（2016—2025 年）[EB/OL].中国政府网，2017-04-13.

[2] 习近平.在同各界优秀青年代表座谈时的讲话 [EB/OL].中国政府网，2013-05-05.

[3] 习近平.致全国青联十二届全委会和全国学联二十六大的贺信 [EB/OL].新华社，2015-07-24.

[4] 习近平.在知识分子、劳动模范、青年代表座谈会上的讲话.[EB/OL].中国政府网，2016-04-30.

[5] 中国青年研究中心.调查报告：我国少年儿童成长中值得关注的五大问题.[EB/OL].中国社会科学网，2013-10-29.

[6] 佘双好.青少年思想道德现状及发展特点的实证研究 [J].思想理论教育导刊，2010（5）.

[7] 陈宁，胡超昇.我国当代青少年责任感的发展特征——基于六省市的调查 [J].中国青年研究，2015（12）.

[8] 陆烨.我国都市青少年创新能力发展现状及其主要特征 [J].中国青年研究，2016（12）.

[9] 陈曦.在大学生中弘扬红船精神的策略与方法研究 [J].课程教育研究，2016（28）.

[10] 刘晶.科尔伯格道德认知发展理论对我国青少年思想政治教育的启示 [D].天津：天津师范大学，2009.

[11] 石晓雪.科尔伯格道德教育实践论对青少年德育的启示 [D].济南：山东师范大学，2012.

附：表2 2013—2017 年习近平总书记重视青年相关论述整理

时间	事件	内容
2013 年 5 月 4 日	习近平同各界优秀青年代表座谈会时的讲话	历史和现实都告诉我们，青年一代有理想、有担当，国家就有前途，民族就有希望，实现我们的发展目标就有源源不断的强大力量。
2013 年 11 月 8 日	习近平致 2013 年全球创业周中国站活动组委会的贺信	青年是国家和民族的希望，创新是社会进步的灵魂，创业是推动经济社会发展、改善民生的重要途径。青年学生富有想象力和创造力，是创新创业的有生力量。
2014 年 5 月 4 日	习近平在北京大学师生座谈会上的讲话	时间之河川流不息，每一代青年都有自己的际遇和机缘，都要在自己所处的时代条件下谋划人生、创造历史。青年是标志时代的最灵敏的晴雨表，时代的责任赋予青年，时代的光荣属于青年。
2015 年 7 月 24 日	习近平致全国青联十二届全委会和全国学联二十六大的贺信	"士不可以不弘毅，任重而道远。"国家的前途，民族的命运，人民的幸福，是当代中国青年必须和必将承担的重任。
2016 年 4 月 26 日	习近平在知识分子、劳动模范、青年代表座谈会上的讲话	实现中华民族伟大复兴的中国梦，需要一代又一代有志青年接续奋斗。青年人朝气蓬勃，是全社会最富有活力、最具有创造性的群体。党和人民对广大青年寄予厚望。

续表

时间	事件	内容
2016 年 7 月 1 日	习近平在庆祝中国共产党成立 95 周年大会上的讲话	青年是祖国的未来、民族的希望，也是我们党的未来和希望。中国共产党的创始人之一李大钊同志说过，青年要"为世界进文明，为人类造幸福，以青春之我，创建青春之家庭，青春之国家，青春之民族，青春之人类，青春之地球，青春之宇宙，资以乐其无涯之生"。九十五年来，我们党取得的所有成就都凝聚着青年的热情和奉献。
2017 年 5 月 3 日	习近平在中国政法大学考察时强调	中国的未来属于青年，中华民族的未来也属于青年。青年一代的理想信念、精神状态、综合素质，是一个国家发展活力的重要体现，也是一个国家核心竞争力的重要因素。
2017 年 10 月 18 日	习近平在中国共产党第十九次全国代表大会上的报告	青年兴则国家兴，青年强则国家强。青年一代有理想、有本领、有担当，国家就有前途，民族就有希望。中国梦是历史的、现实的，也是未来的；是我们这一代的，更是青年一代的。中华民族伟大复兴的中国梦终将在一代代青年的接力奋斗中变为现实。
2017 年 12 月 7 日	习近平在全国高校思想政治工作会议上的讲话	每一代青年都有自己的际遇。现在高校学生大多是"95"后，再过两年，新世纪出生的青少年也将走进高校校园。他们朝气蓬勃、好学上进、视野宽广、开放自信，是可爱、可信、可为的一代。对当代高校学生，党和人民充分信任、寄予厚望。
2017 年 12 月 30 日	习近平回信勉励莫斯科大学中国留学生	青年一代有理想、有本领、有担当，国家就有前途，民族就有希望。实现中华民族伟大复兴的中国梦，离不开一代代青年的接力奋斗。

第二节 民族精神教育

一、当前民族精神教育现状

中国特色社会主义进入了新时代，开启了新篇章。中华民族实现了从站起来、富起来到强起来的飞跃，这期间离不开中华民族精神的发扬和丰富。"红船精神"是党在革命中创造的革命文化，是中华优秀传统文化，丰富着中国特色社会主义文化，是激励全党全国各族人民奋勇前进的强大精神力量。[1]我们当今树立文化自信，使中华民族在长期奋斗中形成的文化成果得以继承和发扬，展现出中华民族的精神追求，迸发出中华民族更基本、更深沉、更持久的力量。[2]

在当代中国，随着社会的不断进步和文化教育仍存在薄弱环节的情况下，开展民族精神教育越来越显现出必要性和迫切性，弘扬和培育民族精神成为教育的基点和趋势。[3]在开展民族精神教育的过程中，存在以下优势和困境：

（一）开展民族精神教育的优势

经历过长期革命斗争历史，我国在各地区都形成了很多红色文化教育基地，而且还在继续不断发展完善中。[4]我国有丰富的文化资源，是中华民族崛起的历史记载，承载着中华民族所积累的丰富历史文明和灿烂文化。这些优秀的人文传统和精神文化资源为开展中华民族精神教育提供了丰富而有意义的素材。民族精神的大力发扬和继承需要一定的社会发展基础。[5]我国现行的社会主义制度正是伟大的中华民族精神时代体现，社会主义制度保证了中华民族精神培育和发展的方向，从制度层面上保障和促进了中华民族精神教育的开展。同时，在中华民族的不断发展中，前人用切身实践写出了壮丽而华美的中华篇章，为后代攒下了丰厚的精神食粮。在当代社会主义时期，开展民族精神教育可以促进社会主义核心价值观的构建。

（二）开展民族精神教育面临的困境

随着日益复杂化和全球化的社会发展，青年接触到更多的信息，思想变得更加多元化和复杂化，在价值判断和道德权衡上存在不确定性，使得传统观念和精神不能得到良好传承，中华民族的传统美德和精神不能更好地发扬。同时，学校关于民族精神的教育工作还不够到位，往往安排为思想政治课和品德课，并在课堂上进行灌输，这样只是从表面上教育学生，而没有实质上的践行，而在"分数至上"的当代教育大环境下，家长和学校将更多的注意力放在提高学生成绩上，对于思想道德、民族传统文化思想方面的培养分配的精力不足，往往会忽视。这些与青年学子不契合的民族精神教育方式不能从根本上与学生达到共鸣，从而难以使他们深刻理解，做到入脑、入心，教育效果与预期相差甚远。[6]青少年正处于自我同一与自我混乱的矛盾时期，其思想是不断发生变化的，极易受到外界影响，加上外界环境的不断多元化趋势引领，对于青少年民族精神价值观确立方面的难度会有所增加。[7]

二、全球化视野下开展民族精神教育的迫切性

全球化的发展趋势，使得世界变得多样化和信息流畅度提高，淡化了青年人的民族和国家意识，使他们把世界大同当作社会发展的最终目标。由于世界越来越开放，文化的传播更加迅速和便捷，西方文化的植

入冲击着传统文化在本民族的发展和弘扬。鱼龙混杂的西方思想在一定程度上对青年的价值观产生了侵蚀，在文化生产和输出方面，我国也呈现出一定程度落后于世界的倾向。在年轻一代人身上，明显可以看出对于西方文化和技术的仰慕和向往，这无疑是对中华民族精神的重大考验，深入进行青少年民族精神教育迫在眉睫。[8]

三、"红船精神"与培育民族精神的内在联系

"红船精神"作为中国革命精神的源头，是中华民族伟大复兴的精神动力之源，它是伴随着马克思主义者建党活动而产生的，其本质作为民族精神的一部分，对广大青少年的教育作用远不可小觑，与培育民族精神有一定的内在统一性。[9] "红船精神"是新时代民族精神发展的动力和源泉，民族精神是"红船精神"的支撑和延伸。

（一）"红船精神"是中国革命精神之源

"红船精神"是中国革命精神之源的本质概括和提炼，具有深厚的民族性、鲜明的时代性和无产阶级的先进性，同井冈山精神、长征精神、延安精神、西柏坡精神共同组成了中国共产党领导下中国革命历史上人民战胜各种艰难险阻、不断奋勇前行创造中国奇迹的宝贵精神财富，使中国精神变得更加丰满和有力。[10] "红船精神"是党的精神理论和实践的继承，饱含着对革命历史发展主线的生动描绘，包含了对中国近代历史的深刻洞悉，是习近平总书记对党的理论的总结思考与提炼，承载了对未来不断推进国家发展、实现中国梦的殷切希望和高度概括。[11]

（二）"红船精神"保证了民族精神教育的方向

民族精神是一个民族在长期的政治、文化、社会生活过程中形成的

具有不可替代的独特规定性的精神。"红船精神"是中国共产党建党精神之源、先进性之源，带有浓厚的党的气息，保证了民族精神教育方向与党的思想政治方向高度一致。"红船精神"已经表现出明显的民族性特征，是中国共产党人的精神浓缩，是独属于中华民族的，而后来发展形成的中国革命精神都是遵循着"红船精神"的方向，并不断深化和发展起来的。[12]因此，"红船精神"的实质与民族精神完美相契合，并为民族精神教育指引了一条明路。

（三）"红船精神"为弘扬民族精神教育提供了优质的"教材"

"红船精神"来源于建党之际，是源头之水，为民族精神的培育指引了方向。"红船精神"中开天辟地、敢为人先的首创精神为提高广大青年的气魄胆识以及坚韧不屈的勇气和毅力提供了坚实的基础；坚定理想、百折不挠的奋斗精神为树立理想信念、屡败屡战的坚强意志建立了坚实后盾；立党为公、忠诚为民的奉献精神为培养全心全意为他人服务、为人民服务、不谋私利的中华传统美德树立了标杆。[13]"红船精神"是广大青少年的学习方向，是坚定理想信念的优质"精神文本"。[14]

四、"红船精神"融入民族精神教育的途径

弘扬和培育民族精神是建设中国特色社会主义先进文化的重要内容，"红船精神"中蕴含着丰富的教育实践意义，依托红色资源可以大力推进民族精神教育。[15]而青少年作为接受知识最快的一代和祖国未来建设的巨大储备力量，对培育其民族精神具有重大意义。"红船精神"融入民族精神教育主要有以下四种途径：

（一）以"红船精神"为主题开展特色课程建设活动

在学校开展"红船精神"教育活动，丰富学生的课业内容，为民族精神的培育打好基础。由于现在的红色文化教育大多停留在表层，不能使青少年真正理解同化这些内容，所以开展这些课程的意义不大、实际效果不理想。而青少年主动学习和吸收红色文化的能力和倾向都不够强，所以将红色文化融入学生的课堂中有助于青少年在知识学习过程中的渗透和传播；同时可以开展各种竞赛活动，如"红船伴我行"主题知识竞答或校园实践活动、开展"学习红船精神，走在时代前列"主题班会等活动，用多样的活动形式吸引学生对红色文化知识的吸收，不仅丰富青少年的课余生活，而且还将红色文化在校园内传播开来，培养爱国主义精神和民族精神，对学生的价值观培养也会产生很大的促进作用。

（二）打造红色文化网络载体

随着科技的发展，网络已经成为人们生活的一部分，现代教学已经逐渐与科技相接轨融合，许多青少年就利用网络平台完成老师布置的作业，因而利用网络平台宣传红船精神可以使影响面、传播面不断扩大。网络的传播速度远高于课堂上的知识传授速度，所以将一些红色影片或者其他红色资源利用网络媒体转播到学校平台，作为传播的媒介，为红色文化的传承和红船精神的培育搭建桥梁。通过在网络平台的学习，学生们可以在网上留言，发表自己的感悟，互相分享，互相学习，在思想的碰撞中不断得到提升。

（三）融入校园文化建设

校园文化是学校的隐性课程，对学生的知识建构、价值观念培养、行为规范养成等起到潜在的催化作用，是社会主流文化的一部分，因此建设校园文化就是建设中国特色社会主义文化，是弘扬"红船精神"

的有效途径。校园是学生的第二个家，学校的布置会对学生产生潜移默化的启迪和教育影响，将红船文化素材添加到学校的每一个角落，在学校的"红船固定点"定期开展"红船精神"教育活动，让"红船精神"教育真正融入校园中，使学生在不知不觉中受到感染和激励，从而彰显文化的熏陶作用，达到"润物无声"的效果，加强青少年对"红船精神"的深刻认识，将民族精神丰富的思想内涵还原到现实中来，从而推进民族精神教育。

（四）开展主题教育实践活动

时代在不断发展和进步，民族精神教育在新时代需要创新教育内容和教育方法。如果理论学习是基础部分，那么实践活动就是升华部分。例如，以"学习红船知识，传承红船文化"为主题开展教育实践活动，与红色文化纪念馆开展共建活动，邀请红色文化纪念馆人员来到校园里给学生们讲解红船的故事，不仅可以丰富学生的课堂内容，而且会提高学生的整体思想素质和政治意识。同时，利用寒暑假开展"红船精神"教育实践活动，让青少年走进红船文化的发源地，身临其境，用身心去体会和感受，在实践中得到提高和发展，从而在更深层次上理解和得到启发。在布鲁姆的情感态度分类中，将态度范畴内的过程从低至高可分为接受、反应、评价、组织、内化五个层次，根据这个理论，逐步使学生通过自身的经验积累，最终将"红船精神"内化于心，获得政治上的认同，对培养年轻一代社会主义思想政治觉悟有一定的推进作用，从而为我国社会主义现代化强国建设增添新的政治力量。

全面建设社会主义先进文化，为中华民族伟大复兴而不断奋斗，离不开民族精神的支持。青少年的民族精神教育是一项长期系统的工作，"红船精神"与民族精神是紧紧联系在一起的，大力弘扬"红船精神"，将党的源头精神传递给年轻一代，培养优秀的中国特色社会主义事业建设者和接班人，不仅在学校要接受书本的启发、学校课堂文化的熏陶以及社会实践活动的体悟，在社会和家庭里同样需要构建良好的"红船精神"教育氛围，使青少年三位一体地受到教育和熏陶，更主动地学习和发扬"红船精神"，并在生活中积极地践行所学，在社会上发光发热，无论什么时候都将国家和民族的利益放在首位，培养民族精神荣耀感，推进民族精神建设，为中华民族屹立于世界提供强有力的支撑。因此，大力开展"红船精神"教育在一定程度上必定会促进中国社会的发展和中华民族伟大复兴，我们应该不遗余力地推进青少年红船精神教育，培养更具有民族凝聚力的时代新人。

参考文献：

[1] 陈水林. 论红船精神的重大意义 [J]. 嘉兴学院学报, 2015, 27 (4).

[2] 黄刚. 中国特色社会主义理论体系建构的总体性方法和原则 [J]. 科学社会主义, 2013 (4).

[3] 宇文利. 当前我国开展民族精神教育的优势、困境和对策 [J]. 学校党建与思想教育, 2007 (2).

[4] 巩宁. 红色文化在小学教育中的发展现状及对策研究 [D]. 锦州：渤海大学, 2015.

[5] 宇文利. 近年来中华民族精神教育研究述评 [J]. 教学与研究, 2006 (12).

[6] 朱月铭. 我国红色教育的发展现状与对策研究 [D]. 成都：西南石油大学, 2012.

[7] 张茂林, 钟丽静. 青少年红色教育探析 [J]. 科教文汇, 2011 (6).

［8］李蓉. 红色文化与青少年思想道德教育研究［D］. 赣州：江西理工大学，2012.

［9］黄文秀，赵金飞，郭维平. 习近平"红船精神"论述的深刻内涵及重大意义［J］. 嘉兴学院学报，2016，28（4）.

［10］骆小峰. 从红船精神的阐述到中国精神的弘扬——论习近平对中国精神的传承与弘扬［J］. 嘉兴学院学报，2013，25（4）.

［11］彭冰冰."红船精神"的思想政治教育价值探析［J］. 思想教育研究，2016（7）.

［12］沈晔冰. 论红船精神的文化意义［J］. 观察与思考，2015（8）.

［13］许徐琪，李金见."红船精神"及其当代价值［J］. 党政干部学刊，2016（4）.

［14］温志旺. 让红色经典文化伴随孩子成长［J］. 中国德育，2011（6）.

［15］邹建良."红船精神"融入思想政治课实践教学的探索与实践［J］. 思想政治课研究，2015（2）.

第三节　青少年文化自信教育

一、青少年文化自信的现状

基础教育对于培养文化自信有着重要的启蒙作用，培养文化自信应该从青少年抓起。[1]青少年，年龄一般在 13 岁至 19 岁，处于世界观、人生观、价值观的塑造阶段。尤其处于互联网发展的背景下，当前我国青少年受到多元文化的影响，其中包含着各种各样良莠不齐甚至是有害的文化信息影响。

尽管目前还缺乏针对基础教育阶段青少年文化自信现状开展的调查，但一些关于大学生文化自信现状的研究或许可以提供一些参考。张志娟、秦东方[2]、郭宝华、范文凯[3]等学者均认为当代大学生文化自信存在缺失的困境，相应的教育亟待加强。洪霞、刘子莹以粤西三所高校的大学生作为调查对象开展了关于大学生文化自信和公民意识相关性的现状调查，得出大学生文化自信普遍较低，因为不了解所以缺乏热爱的结论。[4]梁兴印选取了宁波市江北区、鄞州区具有代表性的6所本专科高校开展大学生文化自信现状调查，得出"高认同、低认知、践行差"的结论。[5]

大学生文化自信缺失问题的形成不是一朝一夕的。可以推测，当前我国青少年的文化自信现状也不容乐观。青少年在文化自信上的问题表现为文化无知、文化自卑、文化自负三个方面。[6]

（一）文化无知

文化无知，指的是对自身文化缺乏了解的情况。这一推论源于2017年公众文化自信指数调查显示的"认知低"的普遍结果。[7]对青少年而言，这个现象可能更为普遍。一方面，在应试教育的压力下，学校和教师对青少年文化培育的重视不足，书本科学知识学习的比重高于文化素质培养，青少年在学校学习和了解我国传统及现当代优秀文化的时间较少；另一方面，我国正处于社会转型期，各种社会思潮相互激荡，东西方文化冲突与交融，好莱坞电影、韩剧和综艺等占据了青少年本来就不多的课余时间，而传统的戏曲、经典书籍等难以发挥有效影响。

（二）文化自卑

文化自卑，指的是对自身文化缺乏自信的表现。尽管被问及文化自信的态度问题时，大部分青少年已经"学会"给出积极的回答。然而，从行为表现上看，青少年往往由于阅历不足容易受某些舆论的蓄意引导将外来文化等同于更先进、更优秀的文化，产生盲目崇拜，例如倾向于看美国大片、听欧美流行音乐、过西方节日等。究其原因，一则对本民族优秀文化的内涵和价值缺乏必要了解与认识，二则加上西方文化价值观的冲击。因而，青少年极可能对本民族文化缺乏认同感和归属感。

（三）文化自负

文化自负，指的是对自身文化自满自足、妄自尊大的表现。在经济全球化的浪潮中，不同民族文化相互交融。在这种情况下，人们对待文化多样性的正确态度是既要认同本民族文化，又要尊重其他民族文化，相互借鉴，求同存异，尊重世界文化多样性，共同促进人类文明繁荣进步。然而，不少青少年缺乏对非洲、拉美、东南亚等地区和国家文化的理解和尊重。此外，甚至还有一些青少年常把文化自负和爱国情怀混为一谈，典型的例子是以爱国为借口懈怠外语学习，显然这种行为和态度是不可取的。

二、"红船精神"助力青少年文化自信培养

无疑，文化自信的培养应从青少年抓起。然而，正如上海市一所重点小学的校长杨荣所说，"文化的认同和自信需要一个积累的过程，积累不是靠简单的灌输，而是受潜移默化的影响；因此，文化自信，必须从小启蒙，长期培养"。在中小学开展"红船精神"教育有利于青少年文化自信的培养。

（一）开展"红船精神"教育有利于改善文化无知的现状

青少年表现为对自身文化缺乏了解的文化无知，源于优秀民族文化

教育的不受重视，需要加强我国优秀传统文化的教育并在校园和全社会中营造相应的良好文化氛围。"红船精神"教育是优秀的民族文化教育和革命精神教育的突破口。首先，了解"红船精神"就是了解一段波澜壮阔的历史，而对这段历史的了解会在一定程度上弥补青少年文化无知这一缺口。其次，了解"红船精神"也是了解其发源与根系，也即蕴含于悠悠五千年历史中的中华民族的文化气节，这将促使青少年追根溯源，进一步了解民族文化与传统文化。

（二）开展"红船精神"教育有利于改善文化自卑的现状

青少年表现为对自身文化缺乏自信的文化自卑，源于在多元文化价值观的冲击之下对自身文化缺乏认同感和归属感，或者说自豪感，需要加强优秀民族文化的宣传和传播手段的创新，以青少年喜闻乐见的形式进行教育。青少年最乐于追逐流行趋势，开展"红船精神"教育也应该抓住其特点。可以看到，一些优秀的动画和影视作品在青少年中具有相当的影响力，例如"中国唱诗班"系列动画《相思》《元日》等。全国轰轰烈烈开展的"红船精神"主题教育活动，为以此为素材的文化产业发展提供了绝佳的契机，如能在青少年群体中引领潮流，定能增强青少年的文化自豪与自信。

（三）开展"红船精神"教育有利于改善文化自负的现状

青少年表现为对自身文化自满自足、妄自尊大的文化自负，实际上是一种文化保守主义，源于缺乏对本民族文化及其他民族文化的深入了解和客观认识，需要加强对自身文化的全面客观认识和对其他民族文化的尊重。了解"红船精神"，也应了解其产生的内忧外患的历史背景，了解中国封建社会衰落于唯我独尊的"天朝"意识、衰落于封闭和无知。因此，开展"红船精神"教育，也有利于培养青少年对世界各民族文化开放、平等、包容、尊重的态度，有利于博采众长、兼收并蓄，从交流交融中对本民族文化进行创新创造。

参考文献：

[1] 云杉. 文化自觉文化自信文化自强——对繁荣发展中国特色社会主义文化的思考（中）[J]. 红旗文稿，2010（16）.

[2] 张志娟，秦东方. 大学生文化自觉与文化自信培育途径研究 [J]. 思想政治教育研究，2013，29（6）.

[3] 郭宝华，范文凯. 青少年文化自信困境及其对策 [J]. 中学政治教学参考，2017（15）.

[4] 洪霞，刘子莹. 从公民意识走向文化自信——基于大学生文化自信的调查研究及思考 [J]. 通化师范学院学报，2017，38（9）.

[5] 梁兴印. 当代大学生文化自信现状及其培育——基于宁波高校的调查 [J]. 浙江理工大学学报：社会科学版，2017，38（2）.

[6] 刘林涛. 文化自信的概念、本质特征及其当代价值 [J]. 思想教育研究，2016（4）.

[7] 人民论坛课题组，陈琳，于飞. 2017 中国公众文化自信指数调查 [J]. 人民论坛，2017（17）.

第四节 青少年理想信念教育

一、"红船精神"引领青少年理想信念教育的功能发挥机理

"红船精神"凝聚立德树人教育的根本任务，是培养青少年理想信念的重要载体，为青少年坚定理想信念注入了精神动力、提供了行为示

范、增强了价值自信。青少年要高举中国特色社会主义的伟大旗帜，坚定对马克思主义的信仰，对中国特色社会主义的信念以及对实现中华民族伟大复兴中国梦的信心。可以说，"红船精神"引领青少年理想信念教育的"向"，青少年理想信念教育实现"红船精神"的"效"。"红船精神+理想信念"有效实现了青少年全面发展的"质"，二者互通互融、联动耦合。

（一）从历史维度分析"红船精神"引领青少年理想信念教育

最早对"红船精神"的论述是在 2005 年 6 月 21 日，时任中共省委书记的习近平总书记将"红船精神"的科学内涵提炼为"开天辟地、敢为人先的首创精神，坚定理想、百折不挠的奋斗精神，立党为公、执政为民的奉献精神"[1]。"红船精神"是中国共产党在各个革命历史时期不断前行的精神动力，见证了中国人民从站起来到富起来再到强起来的光耀之路。党的十八大以来，学术界对"红船精神"的逻辑起点、基本内涵、特征属性等形成了一系列研究成果。而"红船精神"对青少年理想信念的引领一直是学界关注的焦点。青年工作是历届党和国家领导人都高度予以重视和关怀的事业，马克思曾说："一个时代的精神，是青年代表的精神；一个时代的性格，是青年代表的性格。"在十八届中共中央政治局第一次集体学习时的讲话中，习近平总书记明确提出："坚定理想信念，坚守共产党人精神追求，始终是共产党人安身立命的根本。"[2]从共产党、共产党人的生存发展角度明确理想信念教育的重要性。

可以说，"红船精神"是青少年理想信念教育的精神源头，青少年理想信念教育是"红船精神"的拓展与升华。首先，在历史脉络上，二者根源于马克思主义政党学说，以马克思主义理论为指导，同源同向，体现了党的价值目标、价值信念与追求；在理论渊源上，二者都植根于中华民族优秀传统文化和红色文化资源，同宗同根，都有一整套完善的传播体系与长效机制。其次，二者具有共同的社会主义价值目标，都以培养社会主义合格建设者和可靠接班人为奋斗目标。

（二）从理论维度分析"红船精神"引领青少年理想信念教育

青少年理想信念教育是中国共产党在革命、建设、改革各个历史时期的经验总结。习近平总书记提醒广大青年："要把理想信念建立在对科学理论的理性认同上，建立在对历史规律的正确认识上，建立在对基本国情的准确把握上。"[3]"开天辟地、敢为人先"的首创精神是青少年理想信念教育的思想驱动，正是共产党人的大胆创新才使得马克思主义在中国各个发展阶段取得伟大成功。中国共产党是用马克思主义武装起来的政党，马克思主义是中国共产党人理想信念的灵魂。[4]广大青少年应认识到学习马克思主义理论与学习习近平新时代中国特色社会主义思想在本质上并无二致，要深入学习党的理论知识，牢固树立对中国特色社会主义的道路自信、理论自信、制度自信和文化自信。"坚定理想、百折不挠"的奋斗精神是培养青少年理想信念的根本路径，本质上包含着早期共产党人探索理想、追求理想、坚定理想的政治品质，理应成为青少年理想信念教育的先导。在现实维度上，青少年应树立共产主义远大理想和中国特色社会主义共同理想，中华民族伟大复兴的中国梦、社会主义核心价值观、中华优秀传统文化都应成为青少年理想信念教育的重要内容。从未来视角上展望，青少年要具备国际视野和人类命运共同体的情怀。"立党为公、忠诚为民"的奉献精神是培养青少年理想信念的道德力量，体现着共产党的社会理想和道德信念。要培养青少年热爱党、热爱国家、热爱人民的家国情怀和民族大义，引导青少年向古辈先贤、革命前辈、榜样典型学习，坚定政治方向，从小就埋下为中国共产主义奋斗终生的远大志向。

（三）从现实维度分析"红船精神"引领青少年理想信念教育

习近平总书记关于"红船精神"的论述是马克思主义理想信念同中国具体实践相结合的产物，早期共产党人在历史的惊涛骇浪、千锤百炼中对各种"主义""思想""道路""理论"探索、分析、比较和鉴别，更加坚定走马克思主义和共产主义道路的理想信念。"红船精神"与青少年理想信念教育具有理论的相通性和本然性，马克思主义是我们立党执政的根本指导思想，也是我国基础教育的理论遵循；理想信念教育是基础教育的重要内容和关键环节，也是青少年思想行动的"总开关"。"红船精神"将理论自信转为学生的思想自觉和行为自觉，解决好"为谁培养人，培养什么样的人，怎样培养人"的根本问题，实现立德树人这一根本教育任务，唯有坚持发现问题与解决实际相结合，才是最直接、最生动、最有说服力的"红船精神"教育。"人的本质不是单个人所固有的抽象物，在其现实性上，是一切社会关系的总和。"[5]在为谁培养人方面，从"四个服务"到新时代高校的根本任务是"培养德智体全面发展的社会主义合格建设者和可靠接班人"，从"红船精神"蕴含的历史意义和时代使命出发，培养青少年坚定的理想信念和价值体认成为"为谁培养人"的使命性要求。在培养什么样人方面，"红船精神"反哺青少年理想信念教育，以其首创精神、奋斗精神、奉献精神融入人才培养全过程，及时矫正青少年出现的价值观扭曲、信仰动摇、信念迷失等危机，传承红色基因，做民族复兴大任的时代新人。在怎样培养人方面，"红船精神"的先导马克思主义唯物辩证法思维拓展了青少年理想信念教育的空间，有助于引导青少年用马克思主义的立场、原理、方法分析问题和解决问题，从中体会马克思主义的世界观和方法论、唯物主义与辩证法。

（四）从未来及世界维度分析"红船精神"引领青少年理想信念教育

"红船精神"是推动中国发展的思想标杆、灵魂标杆，指引中国发展方向，鼓励共产党人时刻走在时代前列，成为构建人类命运共同体特有的精神、特有的主义和特有的理论。"世界是你们的，也是我们的，但是归根结底是你们的。"习近平总书记关于青少年的论述从根本上改变了青少年核心价值观的话语权，将青少年发展置于时代高度和国际视野，青少年是国家的未来，是世界的未来。个人怎样表现自己的生活，他们自己也就怎样。因此，他们是什么样的，这同他们的生产是一致的——既和他们生产什么一致，又和他们怎样生产一致。[6]一个人在社会中的样子取决于生产的物质条件，也取决于个人的理想信念和价值观。从青少年发展与实践分析，青年与时代主题同心同向，青少年有责任、有义务、有能力实现"青少年"到"世界青少年"的跨度，实现目标导向和问题导向的统一，因时而进、因势而新、因事而化，在坚持中国特色的前提下因势利导。李大钊同志曾寄语青年同胞"要创建青春之人类，青春之地球，青春之宇宙，资以乐其无涯之生"。从民族文化与世界发展的视角看，青少年是传承中华文化和马克思主义的接班人，当代青年必将成为"中国理念""中国声音""中国智慧"的践行者和传播者，成为实现两个一百年奋斗目标、中华民族伟大复兴、构建人类命运共同体的贡献者和推动者。

二、当前"红船精神"培育青少年理想信念教育存在的主要问题

理想信念是认知主体在实践过程中形成的对未来社会和自我发展的

憧憬和追求的一种心理状态。理想信念动摇是最危险的动摇，理想信念滑坡是最危险的滑坡。《中国大学生思想政治教育发展报告2019》调查表明，当前大学生思想政治状况呈现积极向上的良好态势，但不少问题也值得重视，价值观的认同和践行上存在一定程度的脱节，如尽管93.6%的大学生赞同雷锋精神，但仅有62.6%的大学生明确向往成为道德模范。青少年地处身心发展的关键期，理想信念教育要把握主导性与主体性、时代性与创新性、继承性与发展性的辩证关系。

（一）主导性与主体性：主客体互动分离

理想信念教育的主客体关系问题是厘清教育要素关系的现实问题，"相对主体论""双主体论""主体间论"等观点围绕教育对象的定位以及教育关系的形成为主要观点。其中"主体间论"提出"主体—客体—主体"的模式，认为主客体建立在实践活动基础上，情景交融、互相平等。如果教师是青少年理想信念教育的施教对象或操作对象，那么青少年就是受教者或目标对象，传统的班级授课制限制了教师角色和师生关系，可观测的行为和结果成为教学目标，理论脱离实践，内容脱离生活，忽视了青少年的心理变换。迫于教学形式的改革创新，多数教师缺乏对时代内容的深度学习，出现了以"现成"遮蔽"生成"，"理论课堂"代替"思想课堂"，"中意在场"而不是放眼四周"注意不在场"的行为倾向，在教学设计、价值挖掘、互动合作方面显得力不从心，使得青少年课堂参与度不高，主观效能感不强。

（二）时代性与创新性：介体协同推进匮乏

反观现阶段学校理想信念教育课，在时间地域上，多以课堂教授制，限制了课程开设的深度和广度，隐性教育资源发掘不足，第二课堂开发阈限受阻。教师惯用"大理论"呐喊口号，"大书本"搞定分数，"大道理"指导人生，忽略学生真实生活和真实情感的价值旨归，往往出现"课前轰轰烈烈、课中冷冷清清、课后无人问津"的"互动疲惫"现象。在空间格局上，随着融媒体的垂直应用，主客体互动模式由"人—人"转向"人—介体—人"的模式。前喻文化时代的思维方式和教育模式已逐渐"解雇"，直播、短视频、动画、漫画、表情包等网络文化产品逐渐代替了传统媒体的单一产品，打造青少年理想信念教育"线上线下"的立体式服务平台迫在眉睫。

（三）继承性与发展性：环体有效支持不足

当前，青少年理想信念教育面临内部环境与外部环境的双重考验。校园物质环境、精神环境、制度环境及文化环境都发挥着育人作用，当分数成了风向标，教育目的也就偏离了立德树人的本质。在应试教育晕染下，"唯成绩论""唯分数论"依旧蔚然成风，工具理性与功利色彩影响着青少年价值观，理想信念教育让位于成绩分数评比。随着自媒体承载的各种外部信息进入青少年视野，各种非马克思主义社会思潮来袭使得青少年面临着内发性考验和外在性考验。信仰迷失、知行脱节、利己主义、享乐主义等逐渐成为青少年理想信念"虚化、淡化、物化"的导火线。多元文化和各种社会思潮相互激荡促使意识形态领域斗争更加复杂，青少年也萌发出有悖中华优秀传统道德的行为不端的现象，诸如自我中心泛滥、个人本位意识强烈、集体主义观念淡薄等。

三、"红船精神"引领青少年理想信念教育的现实路径

青少年理想信念动摇、道德概念模糊、政治选择功利倾向就会造成心理失衡和价值观危机，"红船精神"作为理想信念教育的源动力，是新时代学校思想政治教育的活水源泉、爱国主义教育的宝贵资源、创新创业教育的生动教材。

（一）准确把握目标与层次：构建"双向融通"的教育思维

习近平总书记多次强调"要在坚定理想信念上下功夫"，青少年理想信念问题，说到底是政治信念、政治方向的问题，坚定青少年理想信念就是要引导学生树立共产主义远大理想和中国特色社会主义共同理想，其中共同理想立足中国现实，远大理想着眼中国未来。把弘扬"红船精神"融入习近平新时代中国特色社会主义思想，辅之社会主义核心价值观教育和爱国主义教育，搭建课堂主导、实践养成、文化感染的育人体系，让理想信念教育在校园里润物无声、熠熠生辉。

从教育的纵向分析，"红船精神"是历史的、现实的，也是未来的，从"五四"运动、"一二·九"运动到知识青年上山下乡运动、"四五运动"，一代又一代青年将自身发展与国家命运相连，为国家成长发展接力奋斗。由此，将"红船精神"的历史精髓贯彻到学校教育的各个阶段、各个维度、各个层次显得尤为重要，下至小学上承大学，实现"红船精神"教育的延续性、持续性和一体化格局，形成青少年理想信念教育"由近及远、由具体到抽象"的认知规律和情感渗透。

从教育的横向分析，不同专业背景的学生对思政课兴趣有异、接受能力不一、吸收程度参差不齐。青少年理想信念教育具有现实超越性，复杂而漫长，长期而艰巨，不是一两节课的事情，也不是学科教学能彻底完成的任务。不同于思想品德这一门课，理想信念教育要贯通于各个学科门类，融入各项教学设计，让课程育人深入人心。根据教育部《中小学德育工作指南》规定，要"将中小学德育工作要求贯穿融入学校各项日常工作中，努力形成一以贯之、久久为功的德育工作长效机制"。人生的扣子从一开始就要扣好，要从一开始立足顶层设计，让"红船精神"融入教学设计和教育模式，本着全方位育人、全员育人、全过程育人的原则，渗透到教育教学全过程，明确理想信念教育在不同年级、不同课程、不同学段的特殊性和往返性，循序渐进、因材施教。有必要在新的时空坐标中创新青少年价值观教育的研究方式，在多元文化的对话融通中改变其叙事方式，进而生成青少年价值观教育的当代形态。[7]

（二）主动适应主客体关系：构造"师生共情"的主客体思维

青少年理想信念教育既是教育的内容，又是教育的过程，也是教育的结果。青少年思想政治教育的核心应在于告知青少年"什么是符合社会逻辑和个人成长的思想范畴""如何在同化与顺应中厘清自身思想的起点和状态""如何逐步认同和践行中国特色社会主义理论，树立正确的理想信念观"。要改造客观世界，首先要改造主观世界。没有人的感情，就从来没有也不可能有人对于真理的追求。[8]主客体关系是关乎青少年理想信念教育的核心问题，要明确以"书本先行"还是"育人为本"，倾向"青年主体"还是"青年客体"，关注"任务布置"还是"思想供应"。主体性是人的根本属性，是人主观能动性和主观效能感的创造性反映，唯有在双向互动、平等理解、贴近生活的情感场域中实现"师生共情"，从把握学生的思想疑虑出发，精准施教，才能产生高度的情感联结，带动群体边缘的青少年，让理想信念教育"飞入寻常百姓家"。

正如雅斯贝尔斯所说："如果没有内在的权威，我就只能屈从外在的权威，而这种外在的权威仅仅是一种强制力。"[9]青少年理想信念教育课程要一改往常"有活动无互动"，去"独立性与独特性"的包办现象，着力打造以情景剧、体验式分享、启发诱导等青少年喜闻乐见的第一课堂为核心，辅之以校内社团活动、文艺汇演等第二课程为支撑，以校外实践基地、少年社团、参观交流等第三课堂为支柱，以文化活动、国际合作交流等第四课堂为辐射的"1+234课堂"同心圆模式，实现从

"理论知识—感知"到"实践性知识—体知"的过渡,让青少年在"品尝成功"中坚定理想信念。这种双向互动的教育模式易于唤醒凝结在青少年内心的认知认同和情感认同,这种归属感易产生"外化—内化—习惯"的过程,更好地完成逻辑语言难以完成的任务,反复回味。

（三）正确认识理想与现实:构造"知行合一"的介体思维

"红船精神"发端于中国共产党的创建,是马克思主义中国化的重要成果,是马克思主义建党学说中国化的具体体现,具有鲜明的时代性、民族性和先进性。利用"红船精神"引领青少年理想信念,离不开挖掘历史上正面典型人物的示范引领作用和典型反面人物的镜鉴作用,坚持理论与实践、正面与反面教育相结合,引导青少年将坚定理想信念内化于心,矫正现实生活中的"反结构"行为。阿伯特·班杜拉认为"大部分的人类行为是通过榜样的观察而习得:即一个人通过观察他人知道了新的行为应该怎么做,这一被编码的信息在后来起着引导行为的作用"[10]。榜样示范法通过引导广大青少年观摩、聆听、体验从而获得个体经验,简化了青少年学习过程,缩短了学习到行为的距离,避免重复劳动。榜样的选取要遵循"高""近""小"的原则,遵循青少年认知规律、贴合青少年生活,以小见大。榜样在群体中类似于一个共享符号,带动集体关注,达到既教育集体又教育个人的效果,使青少年发现自己与他人的一体化存在。

建党时期,李大钊、董必武、瞿秋白、李达等榜样人物,将个人命运与国家命运紧密联系,"位卑未敢忘忧国",将民族发展和国家未来作为理想和职责。这些历史榜样闪烁着人性光辉,一个共同的特征是:他们的理想信念和终极目标是一致的,都是马克思主义和共产主义的忠实传人和坚定践行者。教育引导广大青少年学习革命先烈的坚定信念和人格风范,有助于为青少年提供思想言行规范要求的行为范式和物化模式，将"顶天"的理想和"立地"的行动统一起来，培养青少年的优良品德和道德认知。而当青少年产生行为进步时，要给予及时强化和引导，由点到面，由少到多的引塑效应会提高青少年的荣誉感和责任感。同时，榜样的宣扬也应因时因势，引导青少年分析什么是理想信念，明白自己应该确立怎样理想信念，如何践行理想信念，将对榜样的执着和敬畏化作"零落成泥碾作尘"的无私、"明知山有虎，偏向虎山行"的无惧、"我以我血荐轩辕"的无畏。

（四）科学理解内容与形式：构造"以文化人"的环体思维

从"文化"的要素论分析，"红船精神"既是政治的又是文化的，既体现意识形态属性，又体现中华优秀传统文化的精神养分，没有先进的文化自觉、文化自信、文化创新，理想信念教育很难深沉而执着。学校教育不能只强调"红船精神"的政治性，以"教条公式""标语口号"单向灌输理想信念教育内容，使思想政治教育陷入"假、大、空"的形式主义偏向，造成红船文化资源的单一化和僵硬化。相反，也不能盲目迎合学生需求，各行其是，杂乱无章，缺乏统一价值导向，只强调"红船精神"的文化性而忽视政治性，陷入"去政治化"的误区。因此，青少年理想信念教育必须要坚持政治站位，根据"红船精神"的价值观筛选符合青少年身心发展的文化资源，挖掘"红船精神"中文化品性具有的"柔性"力量达成"硬"的政治目标，用生动、真实的方法感化青少年。

从"文化"的方法论分析，场域与惯习之间不是单纯的"决定"与"被决定"的关系，而是一种动态的且通过"实践"来"生成"或"建构"的关系。[11]环境和教育的双向互动推动容易让个体产生理想的行为反应，那么，首先，要深入挖掘"以文化人"的显性载体。教育者要利用好思想政治理论课堂的主渠道作用，"其他各门课都要守好一段渠、种好责任田"[12]。习近平总书记指出,要"推进理念思路、内容形式、方法手段创新,增强工作时代感和实效性"。采取什么样的方式方法至关重要,从讲授专业课发展史,引导学生回归常识、回归本分;从分享优秀人物事迹,把丰富的历史资源、真实历史现场变成教材内容,激励学生回归初心、回归梦想,将"个人梦"汇入"中国梦";从注重课程育人到注重组织育人,提高教师自身文化涵养和行为举止。其次,要拓展"以文化人"的隐性载体。教育首先是一个精神过程,而不是一个纯科学过程,要注重"陶冶教育"的重要性,那么环体的构建对于青少年理想信念的教育尤为重要。学校要善用名人雕像、黑板报、广播、手抄报、电影系列化教育等物质文化资源的育人阵地;要注重校史、校训、校歌、校风等精神文化资源在长期历史发展过程中凝结的群体精神的无声熏陶;要注重解读和宣传校纪校规等制度文化资源在规范学生思想道德素质和行为方式上的教育引导作用;要注重政治仪式、青年自组织等行为文化资源在实现"做中学""行中学"的教育作用。

参考文献:

[1] 习近平.弘扬"红船精神"走在时代前列 [N].光明日报,2005-06-21(3).

[2] 十八大以来重要文献选编:上 [M].北京:中央文献出版社,2014.

[3] 习近平在同各界优秀青年代表座谈时的讲话 [N].人民日报,2013-05-05.

[4] 习近平在纪念马克思诞辰 200 周年大会上的讲话 [N].光明日报,2018-05-05(2).

[5] 马克思恩格斯文集:第 1 卷 [M].北京:人民出版社,2009.

［6］马克思恩格斯文集：第1卷［M］.北京：人民出版社，2009.

［7］杨晓慧.构建人类命运共同体视域下青少年价值观教育的中国特色与国际视野［J］.思想政治教育研究，2018，34（4）：18-21.

［8］《马克思恩格斯文集》第1卷［M］.北京：人民出版社，2009：18，25，211.

［9］雅斯贝尔斯.什么是教育［M］.北京：三联书店，1991：78.

［10］阿伯特·班杜拉.社会学习理论［M］.郭占基等，译.长春：吉林教育出版社，1988：22.

［11］皮埃尔·布迪厄，华康德.实践与反思——反思社会学导引［M］.李猛，李康，译，北京：中央编译出版社，1998：17-133.

［12］习近平.把思想政治工作贯穿教育教学全过程 开创我国高等教育事业发展新局面［N］.人民日报，2016-12-09（1）.

第五节　未成年思想道德教育

一、未成年人思想道德教育工作现状

未成年人是祖国未来的建设者，是中国特色社会主义事业的接班人。他们的思想道德状况如何，直接关系到中华民族的整体素质，关系到我们祖国的前途和民族的命运。[1]我们要以对国家前途和民族命运高度负责的态度，理性地研究和分析未成年人思想道德教育存在的问题和所面临的挑战，正确认识和准确把握未成年人成长发育的规律，对实现中华民族伟大复兴和社会主义现代化强国建设具有重要意义。[2]

（一）当前未成年人思想道德教育中存在的问题

中国特色社会主义已经进入新时代，在高素质人才的培养过程当中，德育是不可或缺的，社会主义现代化建设事业需要的是德才兼备的人才。[3]面对时代发展的新形势，德育必须构建起新一代的伦理道德教育体系，完善教育对象的人格特质。[4]

总体而言，目前我国未成年人思想道德教育存在着一定的问题。作为一个有着五千年的灿烂文化的礼仪之国，我国在古代就对德育高度重视，儒家主张"德治"和"礼治"。[5]孔子强调"以德教民"。习近平总书记在 2014 年 5 月 30 日参加北京市海淀区民族小学庆祝"六一"国际儿童节活动时强调："学校要把德育放在更加重要的位置，全面加强校风、师德建设，根据少年儿童特点循循善诱、春风化雨，努力做到每一堂课不仅传播知识，而且传授美德，每一次活动不仅健康身心，而且陶冶性情。少先队要坚持开展组织教育、自主教育、实践活动，把广大少年儿童团结好、教育好、带领好。全社会都要了解少年儿童、尊重少年儿童、关心少年儿童、服务少年儿童，为少年儿童提供良好社会环境。[6]对损害少年儿童权益、破坏少年儿童身心健康的言行，要坚决防止和依法打击。"这些都从一个侧面凸显了德育的重要性，然而当前我国未成年人思想道德教育却存在"重智轻德，重大德轻小德"的情况。

首先，以分数为核心的"智育"在应试教育中起决定作用，具有量化的衡量标准，直接导致"智育"和"德育"的地位差异，也直接表现在家庭教育的观念上。部分家长认为"孩子只要学习好就行，其他都无所谓"。在学校"智育"是硬指标，"德育"是软任务。[7]家长们对孩子"品德好"和"学习好"之间关系的认识存在严重偏差。

其次，学校、家庭、社会三者对未成年人思想道德教育相互脱节，缺乏合力。[8]表现为，学校讲一套，家长讲一套，在社会上看到的是又一套，教育口径相互矛盾，让未成年人无所适从；教育责任不清，工作机制不完善，价值导向扭曲，教育效果当然不好。近年来，因婚姻家庭变故，家庭不和谐，父母外出打工弃子女于不顾，隔代教育的弊端，导致未成年人疏于教育管理、过早学坏、最终犯罪的比例逐年增高。同时，对未成年人提供的社会环境不佳，甚至存在着严重危害其身心健康的不良行为。由于经济利益的驱动，社会上仍存在各类违法经营的网吧、电子游戏厅和歌舞娱乐场所、互联网上的有害信息、渲染色情、颓废有害的色情视频、庸俗不堪的文艺作品等，已成为严重腐蚀未成年人心灵的一大社会公害。因迷恋网络、游戏等而走上犯罪的未成年人也屡见不鲜。

最后，对未成年人的先进而富有营养的精神食粮供给不足，反而给各种违法经营的网吧、电子游戏厅和歌舞娱乐场所，以及互联网上的有害信息、渲染色情、庸俗不堪的文艺作品对未成年人的腐蚀提供了机会。

（二）当前未成年人思想道德教育中存在问题的原因分析

造成上述问题的根本原因具体表现在以下四个方面：一是道德教育的内容脱离青少年的实际。这其中包括目前道德标准高深的理论远离了青少年的实际生活，抽象的内容影响了青少年的理解，单一的标准影响青少年多样化的发展，道德教育与青少年人格和心理塑造处在分离状态。二是道德教育的过程脱离青少年的主体。包括传统教育的方向、内容、目标主要不是从青少年出发，而是把青少年作为塑造的客体，这样造成与目前青少年的核心价值相背离，不能适应社会的变迁。三是道德教育的形式脱离社会及青少年的现实。目前学校主要是以灌输形式进行道德教育，忽视德育过程中青少年之间、青少年与老师之间的互动，在社会层面的道德教育过程中存在着青少年低参与、甚至不参与的现象。

四是道德教育结果认识与行为严重脱离。目前道德价值标准存在虚化的现象，学生的道德行为已完全社会化，使学生在道德能力上面临多种挑战，在道德认识上都知道那么做，但道德行为却做不到。[9]

（三）当前未成年人思想道德教育中面临的挑战

当前，我国已进入全面建成小康社会决胜阶段，中华民族正处于走向伟大复兴的关键时期。国内外形势更加错综复杂，全面深化改革持续深入，未成年人思想道德教育面临空前挑战。[10]一是来自我国正处在经济换挡、社会转型过程中内在规律的挑战。纵观世界，任何国家在经济换挡、社会转型的急剧发展过程中，都会面临思想道德危机，尤其是未成年人的思想道德会面临巨大的挑战。青少年犯罪率趋高、犯罪低龄化。因此，青少年的思想道德建设成为社会普遍关注的问题。[11]因为我们所处的国际环境与欧美当时的情况已大大不同。我们是在欧美、日本等发达国家已进入现代、后现代、信息社会后，推进我们的经济转轨、社会转型和现代化建设进程的。这就不可避免地会带来各种社会失范、文化冲突、思想碰撞、价值多元、信息杂乱繁多的冲击，这对于涉世未深心理尚未成熟的未成年人来说影响尤其之大。

二是来自社会及互联网的影响。当前社会存在一些领域道德失范、诚信缺失、假冒伪劣、欺骗欺诈的现象，通过互联网的迅速传播，广泛蔓延，在不断增加社会关注度的同时，也一定程度上放大了在未成年人方面的负面影响；一些地方封建迷信、邪教和黄赌毒等社会丑恶现象仍然存在，拜金主义、享乐主义、极端个人主义滋长，以权谋私等消极腐败现象时有发生等等，也给未成年人的成长带来不可忽视的负面影响。

三是来自国际敌对势力的影响和渗透。随着我国对外开放不断深入、互联网和移动终端的普及和发展，国际敌对势力同我国在意识形态领域的斗争也日趋尖锐和复杂，他们利用各种途径加紧对未成年人进行思想文化渗透，某些腐朽没落的生活方式对未成年人的影响也日益严重。如果我们对于上述的严峻形势不加以重视，对未成年人不加以正确的引导和爱护，我们国家和民族的前途和命运就将面临巨大的危险。所以，加强未成年人思想道德教育工作刻不容缓、迫在眉睫。

二、以"红船精神"引领未成年人思想道德教育工作的必要性

以"红船精神"引领当代未成年人思想道德教育工作，对于当前我们推动青少年德育建设具有十分重要的现实意义。[12]

（一）"红船精神"为未成年人思想道德教育工作提供正确的价值观导向

"红船精神"是社会主义核心价值体系中不可或缺的一部分。在当前，我们要确立社会主义核心价值体系在未成年人思想道德教育工作中的主导地位。当今社会发展日新月异，网络资讯方便迅捷，文化交流深入频繁，未成年人思维敏捷，求知欲旺盛，容易接受新事物。而且未成年人在青少年阶段的世界观、价值观以及人生观也都正处于形成阶段，有着较强的可塑性。所以，在未成年人思想道德教育工作当中，就应该充分发挥德育工作的实际功能，着力帮助青少年树立正确的人生观、世界观与价值观。可以说，"红船精神"代表着校园社会主义文化的核心价值，能够引导青少年正确树立为社会主义现代化建设事业而奋斗的精神理念。

（二）"红船精神"为未成年人思想道德教育工作提供了精神动力

在传统的未成年人思想道德教育工作当中，因为教育者过于依赖外部权威，再加之社会结构相对封闭，这就使得道德价值观念较为单一、稳定，青少年缺乏自主判断与选择的机会，只能接受这种单一的道德观

念。因此，未成年人思想道德教育工作作为影响青少年成长成才最直接的环境因素，需要将"红船精神"作为指导精神，营造积极向上的精神文化氛围，唯其如此才能够确保广大师生可以自动自觉地遵从"首创""奋斗"以及"奉献"的精神理念去开展实践行动，选择正确的价值取向，养成良好的个人思想道德素质，坚定为社会主义现代化建设事业而奋斗的伟大信念，这种内在的精神引领动力就必然不断地推动着未成年人思想道德教育工作的创新。

（三）"红船精神"有利于未成年人思想道德教育工作与时俱进

相当长一段时间以来，未成年人思想道德教育工作在确定德育目标的过程当中，通常都是只关注高尚性与统一性，却忽视了德育目标的确定性、行为导向性以及可操作性；再就是德育目标的设置也不具备良好的层次性以及个体差异性，要么是要求过高，要么是要求过低。而"红船精神"的实质就是创新精神，这与未成年人思想道德教育工作中需要的创新形成完美契合。未成年人思想道德教育工作唯有创新，才能在传承文化的基础上不断推陈出新；唯有创新，才能不断创造新鲜思想；唯有创新，才能引领时代潮流；唯有创新，才能有效地传授先进知识和培养高层次人才。[13]

三、以"红船精神"引领未成年人思想道德教育工作创新

综上所述，以"红船精神"引领未成年人思想道德教育工作，从理论意义看，"红船精神"中开天辟地和敢为人先的首创精神，这种独有的内在品质激励我们在未成年人思想道德教育工作中不断探求创新。[14]从实践意义看，未成年人思想道德教育工作者只有在工作中继承和弘扬"红船精神"，才能更好地在未成年人思想道德教育中彰显社会

主义核心价值观。因此，以"红船精神"为引领，实现未成年人思想道德教育工作的创新，可以通过以下途径进行：

（一）深化学校的教育改革，发挥学校教育的主渠道作用

"红船精神"作为中国共产党人开拓创新精神、艰苦奋斗精神以及无私奉献精神的集中概括，其主要来源于中国共产党的革命实践，具有永不磨灭的优秀价值。面对着当前未成年人思想道德教育工作存在的各种问题，亟待通过创新来实现未成年人思想道德教育内容、方法、途径多样化。对于当代未成年人思想道德教育工作内容，一方面我们要吸收传统文化的精华；另一方面又要紧跟时代步伐、与时俱进。而未成年人德育方法也不能仅仅停留在片面的理论灌输这一方法之上，同时还应该采用多样化的方法。在德育的过程中为学生营造自由的交流情景，鼓励学生自我表达，注重培养学生的问题意识，使得德育在一种开放的状态下进行，让学生处于一种自主德育发展的环境中，真正让学生领会到自己所学并转化为实际行动。[15]

坚持理想信念教育贯穿"一条线"。以社会主义核心价值观为主线，从构建适应时代发展需要和符合未成年人成长各阶段特点的中小学德育课程体系入手，积极改进和创新学校德育工作。要积极探索分层次的德育工作，根据不同年龄段学生的认知能力，合理确定由低到高的阶段性德育目标、德育内容和德育方法，使目标切实可行、内容通俗易懂、形式生动活泼，增强针对性和实效性。小学生应以规范基本行为的养成教育为主，努力培养他们的良好行为习惯；中学生应以进行爱国主义教育为主，努力培养他们爱祖国、爱人民、爱科学、爱社会主义的真情实感。要积极探索学校的德育工作规律，要将其同深化基础教育课程改革有机地结合起来，要改变学校就德育抓德育的传统教育方法，把德育贯穿于学校工作的各个环节，不断深化中小学课程设置、教材教法和

考试评价制度改革，有效推进应试教育向素质教育转变，使学生从繁重的课业负担中解脱出来；强化学科渗透性，积极开展有针对性的教育活动，使学生获得优良的道德品格、扎实的基础知识、较强的创新精神、必备的实践能力，最终达到"主动发展、全面发展、全体发展"的目的。

另外，学校是青少年德育工作的主要阵地，但是也不可忽视家庭和社会这两所大"学校"，只有将这三者相结合，才能真正促进青少年思想道德健康、向上发展。

（二）以体验教育为基本途径，不断优化和完善社会教育

思想道德教育的本质是体验。[16]德育过程是由知、情、意、行等环节结合而成的，体验贯穿于各个环节。著名教育家苏霍姆林斯基说过，道德准则，只有当它们被学生自己追求、获得和亲身体验的时候，只有当它们变成学生独立的个人信念的时候，才能真正成为学生的精神财富。我国著名教育家陶行知先生非常提倡在实践体验中培养习惯。对此，他做过很多精辟论述。他说："行是知之始，知是行之成。行动是老子，知识是儿子，创造是孙子。有行动之勇敢，才是真知的收获。"伴随着社会的发展与开放，德育工作已经不再是单纯依靠课堂教授就可以完成的，归根结底，还是要回归生活，回归社会，做到求同存异，在广阔的社会环境当中寻找德育工作新途径。当前阶段，"德育需要充分考虑到社会发展的客观现实以及经济文化全球化发展潮流，充分利用好社会生活当中的各项德育资源，把握好青少年自身与外在的联结关系，通过生活教育来培养其积极向上的道德价值观念"。因此，当前我国未成年人思想道德教育要与时俱进，要根据青少年身心发展规律和时代发展的脚步，善于将德育教材内容与青少年的实际生活相联系，同时突出时代特征，用现实中的真实例子来感染教育青少年，并将所学知识运用

到实际生活当中。

　　坚持校内校外德育结合"不离线"，通过推行体验教育不断坚持学校教育与社会实践相结合，充分利用学校和社会两个课堂、两个阵地，既重视课堂教育又重视实践教育，既进行认知教育又进行实践教育，使未成年人在社会实践中向人民学习，了解社会，体验生活，感悟道德，磨炼意志，培养创新精神和实践能力，努力做到知行的统一。与此同时，要加强对未成年人的创业教育，培养他们的创业精神和创业能力。通过实践体验，把创业的意识和道德内化为健康的心理品格和思想道德素质，转化为良好的习惯和行为准则，更好地适应社会的需要。不断优化和完善社会教育，当前，首要的是把优化社会软环境和搭建社区教育平台，作为加强和改进未成年人思想道德教育的重要保障性工作抓紧、抓好。

　　（三）加强和改进家庭教育，夯实未成年人思想道德教育的基础

　　德国教育学家福禄贝尔曾说："国家的命运，与其说是掌握在当权者手中，倒不如说是掌握在父母的手中。"这深刻说明了家庭教育的作用。每个人都是父母所生、所养、所育，家庭是每个人出生后接受教育的第一课堂，父母是第一任老师。坚持家庭教育"不断线"，从现实看，家庭教育不仅是一切教育的起点，也是预防未成年人违法犯罪的"第一道防线"。相对于学校教育而言，家庭教育对未成年人从小养成良好习惯、文明行为、高尚品德的影响和作用更大。各级妇联组织、教育行政部门和中小学校应相互配合、通力合作，切实承担起指导家庭教育的责任。要加强领导，建立和完善家庭教育的组织网络；要充分发挥各种媒体的作用，加强对家庭教育的宣传工作；要制定计划，落实措施，建立检查评估机制；要规范教学管理，办好家长学校和家庭教育指导中心；要加强理论研究，不断提高家庭教育的针对性和实效性。

（四）合理定位未成年人德育目标，逐步完善青少年德育工作评价体系

重视"红船精神"在未成年人思想道德教育工作中的价值导向作用，并非舍弃目前未成年人思想道德教育工作中现存的一切，另起炉灶，而是充分汲取"红船精神"当中的精神营养，完善未成年人思想道德教育体系。[17]明确的德育目标应该遵守德育的基本原则以及青少年身心发展的基本规律来确立，明确目标的层次性。对未成年人思想道德教育来说，其目标主要就是达到未成年人德育大纲的要求，引导他们逐步树立科学的人生观、世界观与价值观，不断提高社会主义思想觉悟。

一个人的品德好坏分数是不能完全体现出来的，更主要的是青少年的实际行动，因而未成年人德育的评价不能单纯地以分数为衡量青少年品德高低的准绳，应该注重学生平时的表现，通过认真研究评价原则确立一个体系完善、科学简明的评价体系，使其既具有科学性和统一性，又要具体、简明，具有可行性和操作性，使其对青少年可以做出全面的评价。

德育工作是全社会思想道德建设的奠基工程，以"红船精神"引领未成年人思想道德教育工作，是全面实施素质教育的需要，是为社会主义现代化培养合格人才的需要，同时对于社会主义精神文明建设和提高全民族素质都具有十分重要的意义。

参考文献：

［1］让社会主义核心价值观的种子在少年儿童心中生根发芽.［EB/OL］. http：//politics. people. com. cn/n/2014/0531/c1024 - 25088486. html.

［2］詹万生. 整体构建德育体系总论［M］. 北京：教育科学出版

社，2001：118.

[3] 周建新. 弘扬"红船精神"打造德育品牌 [N]. 嘉兴日报，2017.

[4] 卢蔡. "红船精神"之于校园文化精神培育的当代价值 [J]. 学校党建与思想教育，2015（3）：3.

[5] 朱小蔓. 道德教育论丛 [M]. 南京：南京师范大学出版社，2003.

[6] 詹万生. 整体构建德育体系总论 [M]. 北京：教育科学出版社，2001.

[7] 中国教育协会编. 中国教育科学 [M]. 北京：人民教育出版社，2004.

[8] 鲁洁. 德育现代化实践研究 [M]. 南京：江苏教育出版社，2003：11.

[9] 吕庆练. 未成年人思想道德教育的反思 [J]. 课程教育研究，2013（15）.

[10] 杨世荣. 以爱国主义为核心加强未成年人思想道德教育 [J]. 读写算：教育教学研究，2015（46）：2-2，3.

[11] 张家利，张春兰. 对加强未成年人思想道德教育问题的思考 [J]. 时代教育，2016（20）：2.

[12] 骆小峰. 从红船精神的阐述到中国精神的弘扬——论习近平对中国精神的传承与弘扬 [J]. 嘉兴学院学报，2013，25（4）：5.

[13] 马赛. 结合新时代特点以红船精神育人 [N]. 嘉兴日报. 2017-11-12（3）.

[14] 同 [3].

[15] 同 [4].

［16］富华. 依托红色教育资源致力培养青年马克思主义者［N］. 中国教育报，2010.

［17］李浩. 新时期加强未成年人思想道德教育的思考［J］. 理论观察，2016（10）：2.

第六节　大学生创新创业教育

一、"红船精神"引领大学生创新创业教育的现实意义

"红船精神"是我国宝贵的精神财富，它已经完成了其历史使命，引领中国先进知识分子为寻求实现民族独立、国家富强的道路首创了具有中国特色的革命实践，并通过自我的艰苦奋斗与甘于奉献，艰难地取得了成功。历史已经是过去时，但精神却可以世代传承，当代"红船精神"的首要价值就是坚定不移地推进中国特色社会主义伟大实践，[1]这与我国开展创新创业教育所追求的目标一致。中国共产党建党历史上形成的"红船精神"，包含科学的世界观、价值观、创业观、职业观等，是当今创新创业教育不可缺少的基本方向、基本素养。

（一）"红船精神"引领大学生创新创业教育回归教育本质

当实践证明外国的道路都行不通时，中国的先进知识分子们开天辟地、敢为人先地走出了一条具有中国特色的道路。这种首创精神强调主体意识的形成，只有具有主体意识的人才能自觉自主地规划自己的人生，才能保持其个性特征，从而具有源源不断的创造性，[2]具有探索一个新领域的勇气与积极性。这与创新创业本质相一致，也是我国创新创业教育所追求的价值意蕴。只有创新创业教育回归创新创业本质，弘扬

与传承这种首创精神，大学生才能有不懈的精神动力去勇敢地创新，为未来创新创业将面对的种种未知问题做好准备。

（二）"红船精神"引领大学生创新创业教育回归红色文化

"红船精神"代表的红色文化体现了老一辈革命家们为追求民族独立而百折不挠的奋斗精神。创新不是一味地推翻传统，而是一个"扬弃"的过程，"红船精神"传递的红色文化在当今社会依旧具有其重大价值。当红色文化引领创新创业教育回归，大学生认同红色文化，才能真正树立以祖国富强为己任的理想信念。那么大学生在创新创业过程中，就不只是停留在自身就业，而更多的是考虑其肩上担负的社会责任。红色文化也给予大学生文化自信，面对创新创业失败时，牢记前人的不懈努力，能够以一种百折不挠的奋斗精神坚定地走下去，塑造自强不息的人格特质。

（三）"红船精神"引领大学生创新创业教育回归价值理性

当前，意识形态不断强化，社会认同却不断降低，创新创业价值观教育日益虚化，难以保证其有效性。[3]但价值观教育却是创新创业教育必不可少的一部分，只有培养创新创业理性，才能坚定创新创业的人生理想。"红船精神"孕育着社会主义核心价值，[4]强调忠诚为民的奉献精神。其传递给创新创业教育的价值理性，就是创新创业的价值不仅在于个人价值的实现，更在于对社会的责任感，为群众、为人民提供优质服务。创新创业教育回归价值理性，才能使大学生树立以奉献精神为核心的价值观，才能真正创造出惠及全民族甚至是全世界的创新智慧成果。

二、"红船精神"引领大学生创新创业教育的实施策略

（一）弘扬首创精神，形成"敢为人先，宽容失败"的创新创业氛围

创新创业教育并不是一味地鼓励学生为创业而创业，提高就业率与

创业率也不是其教育目标。创新创业教育带给学生的应该是一种创造性思维、创新精神与实践能力，不是人人都会选择去创业，但是创新创业教育带给他们的思维、精神、能力、价值观等，是在任何岗位都需要的。正如斯坦福科技创业中心（STVP）的使命："为斯坦福大学的学生提供能给生活带来大胆的想法的知识、技能和态度。"我们更重要的是在广大大学生的心中植入"创新创业的种子"，通过他们把创新创业的精神带到各行各业，传播到社会的角角落落。[5]这颗种子的植入需要高校创设一种"敢为人先，宽容失败"的创新创业氛围。一方面，高校应该在全校范围内，通过多种渠道宣传国家、企业鼓励创新创业的法律法规、扶持政策、优惠项目等，并树立大学生创新创业的优秀典型，尤其是杰出校友创业的典型事迹和身边人的成功经历，营造良好的校园创新创业文化氛围，让高校校园成为各种创新思维和创业思想迸发的摇篮。[6]另一方面，创新创业教育可以与专业教育联结，引导学生以一种敢为人先的精神去做出创新创业选择，并与政府、企业合作，切实地扶持学生进行创新创业。当学生有创新创业的意愿时，高校应该给学生一种"我能行"的积极信念，具有敢于冒险的精神，而当学生创新创业失败时，高校也应该宽容学生的失败，能继续给予学生一种"一切都会好起来"的积极信念。

（二）弘扬奋斗精神，运用失败学习理论，将理论与实践相结合

当前的大多数大学生对于创业都处于观望阶段，"心动"但缺乏"行动"的勇气，很大程度上是对创新创业的未知性和风险性产生了畏难心理、恐惧失败的结果。但是，根据研究表明，创业失败经历有助于提高创业者后续创业的成功概率。[7]这就需要在创新创业教育中融入失败学习理论，培养学生一种百折不挠的奋斗精神。失败学习可以分成两种类型，一是行为主体对于失败予以正视与回应，分析失败的根源，二

是旁观者对于行为主体的失败进行分析，并反思自身。[8]那么，对于高校提出的要求，一方面是为学生搭建"创业孵化"平台，让学生真正地在实践中迎接失败，这种亲身经历更有效地改变学生对创业失败、创新创业的认知，并从操作层面提升其创业能力，正如斯米勒所言："高校的创业者都是杰出的学习者，他们从一切事物中学习……更重要的是，他们善于从失败中学习。"[9]另一方面是为学生提供经历过失败的创业案例进行分析，学生可以分析失败的原因，体悟创业主体失败前后的心理转变，以及之后是怎样从失败中再次出发。应该给予学生一种观念：创业是成功与失败交互演进的过程。[10]只有理论与实践相联系，才能从认知和操作两个层面提升学生的创新创业能力。失败学习的关键就在于培养学生一种坚定理想、百折不挠的奋斗精神，才能使学生更好地适应这个日新月异的世界，并实现其创新创业的价值。

（三）弘扬奉献精神，运用情感教育理论，渗透创新创业价值观教育

"创新创业价值观"是指主体对于创新创业有无价值和价值大小的根本立场与态度，它决定着人们"创新创业型人生"的理想信念，影响着人们在"整合资源、洞察机会、创造价值"过程中的价值判断和选择标准，塑造着人们开拓性的人格境界，指导和调节着人们创造性的生活方式与行为模式。[11]创新创业价值观教育是大学生创新创业教育中必不可少的部分，只有以忠诚为民、服务他人的奉献精神为引导，具备正确的创新创业价值观，创业者才能朝着一个正确的方向坚定地走下去。但是当前的价值观教育往往是教育者不想触及的一部分，或是将其简化为纯粹的灌输，而没有使学生真正地从情感层面认同这种价值观，因而得到的结果往往适得其反，学生反感这种价值观教育，从而拒绝其传达的价值观。如果能将情感教育理论融入创新创业价值观教育，就能

发挥情感在价值观形成中的积极作用。"所谓情感教育,就是关注人的情感层面如何在教育的影响下不断产生新质,走向新的高度,也是关注作为人的生命机制之一的情绪机制,如何与生理机制、思维机制一道协调发挥作用,以达到最佳的功能状态。"[12]这要求教育者真正地站在受教育者的角度,理解他们在这一时期的心理状态,与他们多多分享自己生活中的创新创业事迹。教学内容可以多选择一些具有奉献精神、并真正能触动学生心灵的科学家或企业家的事迹,也可以选择学生身边甘于奉献的榜样人物,更加贴近学生。创建共享平台,鼓励师生一同分享自己的创新创业理想与经历。将具备奉献精神的社会主义核心价值观潜移默化地渗透学生的内心,成为指导他们创新创业的重要标杆。

"红船精神"作为引领大学生创新创业教育的精神动力,创新创业教育作为弘扬与传承"红船精神"的有效载体,两者相辅相成,共同促进当代大学生的全面发展。将"红船精神"真正地融入大学生创新创业的全过程,是我国大力推进创新发展的现实需求。这有助于提供大学生创新创业的专业素质、能力水平与道德修养,具备主体意识,更好地参与创新创业实践,从而成为一个全面且和谐发展的人。这对于高校教育提出了更高的要求,不仅要从自身挖掘"红船精神"与创新创业教育结合的有效资源,也要与政府、企业共建平台,了解当代社会的现实需求,共同发扬"红船精神"的当代价值。

参考文献:

[1] 习近平. 弘扬"红船精神"走在时代前列 [N]. 光明日报, 2005-06-21.

[2] Jingang Shao. The Design of Performance Appraisal System for J Company Based on KPI [D]. Kaifeng: Henan University, 2013.

［3］Shusong Zhao. An empirical research on impact of the relation performance appraisal on knowledge sharing behavior for personnel ［J］. Journal of Management, 2013（9）：1323-1330.

［4］魏皓奋. 大学生创业，如何突破五大瓶颈［N］. 今日早报，2011-11-17.

［5］钟云华，罗茜. 大学生创业能力的影响因素及提升路径［J］. 现代教育管理，2016（3）：124-128.

［6］郑刚，梅景瑶，何晓斌. 创业教育对大学生创业实践究竟有多大影响——基于浙江大学国家大学科技园创业企业的实证调查［J］. 中国高教研究，2017（10）：72-77.

［7］王占仁. 高校全面推进创新创业教育的争论与反思［J］. 教育发展研究，2015，35（Z1）：113-119.

［8］李克强. 2015 年两会政府报告全文［EB/OL］. http：//www. sh. xinhuanet. com/2015-03/17/c_ 134073477. htm.

［9］时昱. 当代中国大学生创业意愿与创业实践——基于全国 12 所高校调查数据的经验发现［J］. 青年研究，2017（3）：1-11，94.

［10］叶映华，梁文倩. 大学生创业者的决策逻辑及其影响因素——基于创业早期阶段的研究［J］. 教育发展研究，2016，36（3）：79-84.

［11］张秀峰，陈士勇. 大学生创新创业教育现状调查与思考——基于北京市 31 所高校的实证调查［J］. 中国青年社会科学，2017，36（3）：94-100.

［12］郑刚，梅景瑶，何晓斌. 创业教育对大学生创业实践究竟有多大影响——基于浙江大学国家大学科技园创业企业的实证调查［J］. 中国高教研究，2017（10）：72-77.

第七节 大学生创业社会责任感

社会责任感是大学生形成创业人格的基本要求，是实现从个体到面向社会的价值拓展和升华。《国家中长期教育改革和发展规划纲要（2010—2020 年）》明确提出，要"促进学生全面发展，着力提高学生服务国家服务人民的社会责任感、勇于探索的创新精神和善于解决问题的实践能力"。社会责任感的培养也是创业教育的重中之重。中共中央国务院印发的《关于加强和改进新形势下高校思想政治工作的意见》中明确提出，高校要"加强国家意识、法治意识、社会责任意识教育"，可"利用我国改革发展的伟大成就、重大历史事件纪念活动、爱国主义教育基地、国家公祭仪式等组织开展主题教育，弘扬以爱国主义为核心的民族精神和以改革创新为核心的时代精神"。高校在组织开展创业教育时，要充分利用思想理论教育和价值引领，帮助大学生创业者树立正确的创业观念，从而在社会责任的感召下形成科学、积极、向上的创业规划。本文以大学生创业社会责任感培养为立足点，探讨将蕴含丰富思想政治教育价值的"红船精神"融入其中，用"红船精神"引领新时代大学生创业社会责任感培育的理论与实践问题。

一、当代大学生创业社会责任意识

根据国务院办公厅发布的《关于深化高等学校创新创业教育改革的实施意见》，各地高校不断深化本校创新创业改革的实施方案，促进高校毕业生高质量创业就业。但是，由于大学生的创业教育开展时间较短，其教育体系和结构还不够完善，一定程度上造成了大学生创业意识薄弱、创业项目层次较低、创业的行动不足、社会责任感欠缺等突出问题[1]。根据调查，虽然大学生创业活动如火如荼地开展，但成功率却极低，只有 2%~3%，在这其中社会责任感缺失是导致创业失败的重要原因[2]。主要表现在以下几个方面：

一是创业动机重个人主义，忽视社会价值的实现。中国人民大学发布的《2019 中国大学生创业报告》显示，2019 年有超过 75% 的受访在校大学生具有创业意愿，其中有超过 25% 的在校大学生的创业意愿较强。通过与 2017 年以来的持续调查数据对比结果显示，大学生创业意愿更加趋于理性，创业发展方向更加明确，但是大学生创业动机持续表现为以机会型创业动机为主，即，在校大学生创业动机主流是满足自身愿望、兴趣与实现价值相结合。虽然建立在个人兴趣爱好和专业实际的创业倾向有助于发挥创业者的积极性和主观能动性，但如果将个人主义、利己主义作为创业价值的基本原则，忽视将个人价值与社会价值相结合，缺乏应有的社会责任担当，那么创业效果的可持续性将大大降低。

二是创业目标追求物质性，忽视精神观念的塑造。市场经济的负面效应导致大学生的创业目的聚焦于物质需求的满足，追求个人实用主义，没有树立远大的理想信念和抱负。根据一项大学生创业意向调查研究显示，大学生创业的"物质性"表现在获得金钱、物质的回报，将创业看作个人财富增长的手段，例如"创业能够给我带来很多经济收益，让自己的生活更加富裕"或是"想要致富，就得自己创业……为别人打工赚钱太有限了"等。这种功利主义和拜金主义的不良影响，不仅使得大学生对于创业回报和成效期望过于乐观，不利于创业发展和创业耐挫力的培养，也制约了其创业价值取向的塑造和成长。

三是创业教育收效甚微，忽视思想教育的紧密结合。由于我国创业教育起步较晚，高校创业教育体系的构建主要强调学生实际知识技能的掌握和运用，缺少思想政治教育和价值的引领。有学者在其调查研究中发现，高校在开展与创业教育密切相关的思想政治教育方面不够理想，一些关于创业精神塑造、能力培养、心理品格等方面的教育内容成效并不显著，不能有效提升和激励大学生的创业实践。大多数的学生表示，应当在创业教育中渗透"理想信念教育"的内容，充分发挥思想教育在创业教育中潜移默化的作用，将创业与远大理想信念相结合，为社会创造出最大价值。

由此可见，社会责任意识的价值引领在创新创业过程中发挥着至关重要的作用。在大学生创业过程中，应加强社会价值选择的引领，帮助大学生树立正确的创业观、金钱观，培养社会责任担当。正所谓"在创新创业中增长智慧才干，在艰苦奋斗中锤炼意志品质，在亿万人民为实现中国梦而进行的伟大奋斗中实现人生价值"，这才是创业教育的应有之义。

二、"红船精神"引领大学生创业社会责任感培养的理论逻辑

"红船精神"与"创新创业"紧密相连，而创新创业需要价值引领。有学者指出，"红船精神"的核心内涵就是首创精神，实质就是创新精神[3]。它是中国共产党在艰难困苦的环境下一次伟大的创业成果，也是支持中国共产党人不断开拓进取的精神支柱，具有跨越时代的重大意义，尤其是其丰富的内涵与大学生创新创业的培养及创业人格的完善具有较强的关联性。"红船精神"展现的敢为人先的创新精神、坚定的理想信念、奋勇拼搏的意志以及勇于担当的责任与使命感，对于引导大

学生树立创业方向，培养正确的世界观、人生观和价值观，并且保持积极向上的顽强奋斗精神具有独特的教育意义。

在创业教育中，"红船精神"所蕴含的科学思想观念和正确的社会主义核心价值观为创业价值选择提供了思想理论高地，其中包含的丰富的当代价值是推进创业教育的应然选择。而针对创业教育中的社会责任感培养，"红船精神"的内涵及其文化意义有着广泛的借鉴意义。它是早期中国共产党人放弃私利、执着坚守信仰的真挚情感，也是革命先辈在艰难环境中奉献牺牲、捍卫真理的顽强意志。将"红船精神"引入创业教育中，可以最大限度发挥其育人价值，加强大学生创业社会责任感的培养过程；创业教育可以从"红船精神"的内涵中汲取精神力量，帮助学生培养正确的价值取向和综合创业素养以应对创业过程中的挑战。

（一）融入"红船精神"有利于大学生建立远大理想目标

根据当代大学生创业活动的调查发现，大学生创业动机存在着个人主义、功利主义、实用主义三种倾向，过度强调个人发展价值和创业的经济价值[4]。大部分大学生创业的目的是追求物质化、实用化的个人利益，改善经济条件和状况，没有将创业与宏大的理想愿景结合起来[5]。只有少数人是为社会做贡献创业，从而导致社会创业比例较低，缺乏高远的社会目标，对社会问题和解决方法的关注较少[6][7]。

"红船精神"的精神基石是以人民为中心的使命感和奉献精神，其所蕴含的价值观正是依靠人民，为了人民，以艰苦奋斗和无私奉献的精神去排除万难，最后走上建设中国特色社会主义道路。人民群众才是历史的创造者，是人民群众的伟大实践才创造了丰富的物质财富和精神财富。历史发展证明，每个人的前途命运都与国家和民族的前途命运紧密相连，只有扎根中国大地，坚持以最广大人民的根本利益为最高标准，把人民对美好生活的向往作为不懈坚持和奋斗的目标，才能实现个人与社会共同的价值追求。通过学习红船精神这种为民为国的价值内涵，大学生才能够在创业过程中将个人目标与宏大的理想愿景结合起来，努力创造社会价值，实现伟大梦想。

（二）融入"红船精神"有利于大学生树立正确的创业价值观

习近平总书记指出："人而无德，行之不远。没有良好的道德品质和思想修养，即使有丰富的知识、高深的学问，也难成大器。"[8]缺乏良好价值观念的引领，大学生在创业过程中极易受到拜金主义、享乐主义主义等不良风气的影响，人云亦云，随波逐流。在进行创业规划时，容易以经济利益作为唯一衡量标尺，将物质上的成就作为创业价值和行为动机。但是，这种重物质、轻精神的价值取向，不仅使得大学生在创业定位上产生偏差，一味寻求"挣钱多"的创业活动，缺乏创新实干，也容易在遇到收益不高时产生畏难情绪，无法帮助大学生实现个人价值和社会价值创造的有效统一。

"创新""实干""奉献"为新时代弘扬"红船精神"的重要着力点，对塑造大学生的创业价值观具有重要的引导作用。开天辟地、敢为人先的首创精神，就是创新精神，是一个国家生存和发展的根本，是民族进步、兴旺发达的不竭动力。如今，世界正处在百年未有之大变局，经济社会发展越来越依赖于理论创新、制度创新、科技创新、文化创新及其他各方面的创新。在这种危机与机遇并存的环境下，只有具备创新精神的大学生才是社会发展需要的人才，才能适应未知的困难与挑战，从而切实肩负起历史赋予的新使命。"实干"与"创新"紧密联系、相辅相成，"创新"不是天马行空，"实干"也不是闭门造车，两者将实践的积累与创造性的思考有效结合，使得革命年代的中国共产党人攻坚克难，克服重重阻力，走出一条具有中国特色的社会主义道路。在创业教育过程中，大力弘扬创新奋斗的红船精神，有助于大学生在创业道路上以先辈为楷模，树立脚踏实地、勇往直前的价值观念，毫无畏惧面对一切困难与挑战。

（三）融入"红船精神"有利于大学生塑造完整的创业人格

近年来虽然大学生创业比例逐年增加，但是其创业失败率一直居高不下。由于大学生社会经验缺乏，对于未来规划又过于乐观，片面追求"速度""质量""效益"，创业失败现象屡见不鲜。而大学生创业失败后，不仅仅有来自经济层面的压力，还存在人际关系危机、个人自我价值感降低、身体健康损伤等一系列影响身心发展的严重问题。创业失败所带来的负面影响，促使大学生改变其创业态度、人格因素及创业行为，常常会丧失创业动力，削弱创业意志。如果不对其进行及时的干预和教育，不仅不利于大学生后续的就业创业活动，长此以往对于社会发展进步也是一大损失。

因此，帮助大学生塑造健全完整的创业人格，促进其成长是提升创业成效的关键。红船精神中所传承的勇于担当、百折不回的坚韧意志和品质，为大学生创业提供了强大的精神力量。天下兴亡匹夫有责。老一辈中国共产党人在战火纷飞的年代自觉肩负起实现中华民族伟大复兴的历史重任，领导和团结全国各族人民进行了艰苦卓绝的伟大斗争，实现了中国人民从站起来到富起来、强起来的伟大飞跃。现今，面对国内外复杂的政治与经济形势，以习近平同志为核心的党中央传承"坚定理想、百折不挠的奋斗精神"，迎难而上，锐意开拓，取得了改革开放和社会主义现代化建设的历史性成就。作为年青一代，要继续传承和发扬这种精神，在创业新征程中不断磨炼自己的意志，具备战胜各种挑战和困难的能力，创造出无愧于社会和时代的辉煌成就。

三、"红船精神"引领大学生创业社会责任感培养的实践路径

（一）以"红船精神"内涵重塑校园文化，端正大学生创业价值取向

2014 年 5 月，习近平总书记在北京大学师生座谈会上指出，要立志报效祖国、服务人民，这是大德，养大德者方可成大业。在创业教育中，培养学生具备为他人、为集体的强烈社会责任感，首先就要端正大学生的创业价值取向，树立正确的创业观念。高校在进行学生创业教育规划时，首先要积极主动地将"红船精神"纳入课程计划中，根据"红船精神"的文化内涵进行合理的课程设置，循序渐进地对学生进行引导。例如，在学生进行创业项目选择、创业目标确定时，要以"开天辟地、敢为人先的首创精神"鼓励学生关注社会问题和难题，以奉献社会服务他人为出发点，将个人价值与社会价值联系起来，确立主人翁的态度，摒弃利己主义、功利主义和实用主义。而在学生有创业成长的现实需求时，根据大学生的身心发展特点和成长路径，科学地将以"红船精神"为代表的主流价值观念渗透到其创业观和发展观中，培养学生的家国情怀。"红船精神"有着深厚的历史背景和文化渊源，蕴含着理想信念的力量和无私奉献的情怀。在对大学生进行创业社会责任感教育时，还可以通过历史故事生动形象的再现，结合主流价值观念的引领，更加易于引导学生在计划创业目标、项目执行时汲取先辈的智慧，有理想有信念，为社会做出贡献。其次，"红船精神"要与校园文化相结合，发挥文化育人的作用。校园活动形式多样，可以通过校园文化节、主题宣传月、红船历史知识竞答、设立专项奖助基金等活动形式，将"红船精神"的内涵与学校的文化相互联系，融入学生们的学习和

生活之中，激发大学生艰苦奋斗乐于奉献的意识，用艰苦创业的实际行动报效祖国、服务人民，让创业成果服务与惠及大众，更好地回报学校和社会。把"红船精神"融入创业教育课程，强化创业社会责任感。

（二）以红船精神主题活动推动实践，加强创业社会责任感培育

社会责任感是个人对所担负的社会责任、任务和使命的自觉意识和人格素质[9]，是一个人对自己、他人及社会主动施以积极有益作用的精神[10]。社会责任感的培养必然是与社会密切相关的道德教育活动，是基于个人心理和思想认识，从认知、认同、意志到行动的责任外化行为。有别于传统的灌输式德育，创新创业重视并突出实践活动，以实践强化理论，更加注重个人价值在实际操作过程中的转化和实现。习近平总书记在同各界优秀青年代表座谈时也谈到，广大的青年要把正确的道德认知、自觉的道德养成、积极的道德实践紧密结合起来，自觉树立和践行社会主义核心价值观，带头倡导良好社会风气[11]。可见，实践活动在社会责任感教育中发挥着重要作用，要以实际行动促进社会进步。"红船精神"恰恰以其理论与实践相结合的独特禀赋，为大学生创业社会责任感的培养提供现实转化路径。

"红船精神"是中国共产党人一次伟大的社会实践，具有丰富的实践教育意义，而一大会址和嘉兴南湖又为创业教育提供了实践基地。学生置身于相关的环境之中，与人际关系、精神文化、价值实践产生互动，形成了将社会责任感培养寓于社会的有效时空。高校可以在对学生进行创业实践指导时，带领学生参观上海中共一大会址、嘉兴南湖红船、南湖革命纪念馆、嘉兴烈士陵园等场所，开展红船精神与创新创业的主题实践教学活动。同时，可以邀请老红军来口述历史，在学生创业遇到困难时以榜样的力量来振奋精神。通过一系列形象生动的活动，学生可以从中国共产党人身上学习到"立党为公、执政为民的奉献精

神",认识到自己身上所肩负的历史使命,在面对利益冲突时做出正确的选择。除了实地参观等活动,学生的主动参与更能激发其将责任意识转化为实践的动力。高校及社会机构可以组织红色义工活动,让学生创业团队将创业项目与红船活动相结合,既推动学生创业的社会性,又能更好地传播红船精神。例如,嘉兴开设了"红色援疆论坛",将红船活动与援助新疆工作结合起来,并开展了"红船先锋""红船关爱"等温暖爱心活动,组织教师与学生的结对交流,发挥无私奉献精神,帮助解决当地的经济、民生等问题[12]。

（三）以红船精神传播建立认同,影响社会大环境思想观念

大学生在创业过程中社会责任意识出现偏差在一定程度上受到社会大环境的影响。随着我国社会经济的快速发展,工业化社会和市场经济影响下的一些"适者生存""经济至上"等价值观念深入人心,导致人们的行为受利益和利己主义的驱动,缺乏社会情感维系[13]。而互联网的兴起犹如一把双刃剑,一方面拓展了人们的视野,另一方面也带来了拜金主义、享乐主义等不良思潮。这对精神支柱尚不坚固、思想观念尚未成型的学生创业者来说是不小的挑战。在这种情况下,"红船精神"所蕴含的丰富的思想政治对于摆正大学生的创业价值观念、培养责任意识发挥着重要的引领作用。无论是高校还是社会,应加强舆论的引导,充分利用互联网、微信公众号等新兴媒体开展红船精神内容的宣传,表彰个人先进事迹,在社会大范围里建立对于"红船精神"的情感认同。同时,在宣传途径上应该探索创新方式,选择大学生更易于接受的方式加强引导,提升大学生对"红船精神"的深刻认识,进一步提高他们的思想道德觉悟。

在创业教育中,社会责任感的培养需要构建起一个全面完善的教育体系,"红船精神"以其宝贵的历史资源和时代价值,给大学生创业责

任感培养提供了丰富的思想政治教育意义。通过弘扬"红船精神"，学生们可以真切地感受中国共产党党员在面对"中国向何处去"的重大选择时勇于担当、以民为本的强大的社会责任意识，才能在创业过程中形成正确的价值追求，树立高尚的道德情操，在创业目标设定、创业项目实施、行动执行等方面自觉养成为国为民的人文情怀。通过有效的思想结合和培养路径构建，逐步帮助大学生树立起责任意识，引领大学生在创业过程中不忘初心、牢记使命，敢于担当、为国为民，为社会发展创造新的时代价值。从革命的"红船"上不断汲取力量，"一直划到巨轮上，驶向光辉的彼岸"。

参考文献：

［1］杨燕群，战昕.红船精神融入创业教育的理论逻辑与实施策略［J］.人民论坛，2016（2）：192-193.

［2］陈文远.大学生创业教育中的社会责任感之培育［J］.高等工程教育研究，2013（3）：91-94.

［3］钱梅根.论"红船精神"的核心内涵及其现实意义［J］.当代社科视野，2006（Z1）：1-4.

［4］陈文远.大学生创业教育中的社会责任感之培育［J］.高等工程教育研究，2013（3）：91-94.

［5］宋妍，王占仁.论当代大学生创新创业价值观的引领［J］.国家教育行政学院学报，2017（11）：52-57.

［6］杨燕群.创业教育视角下大学生社会责任感培养路径探索［J］.学校党建与思想教育，2016（22）：57-59.

［7］范龙，尹琦.大学生创业定位与创业教育［J］.中国高教研究，2007（7）：79-81.

[8] 习近平. 干就在实处, 走在前列——推进浙江新发展的思考实践 [M]. 北京: 中共中央党校出版社, 2006: 304.

[9] 陶金花, 朱键军. 大学生社会责任意识现状分析及培养 [J]. 高校辅导员学刊, 2014 (6): 33-36.

[10] 刘世保. 关于青少年责任感研究的定位 [J]. 中共山西省委党校学报, 2009 (4): 69-71.

[11] 习近平. 在同各界优秀青年代表座谈时的讲话 [N]. 人民日报, 2013-05-05.

[12] 陈胜. 切实加强队伍建设 扎实推进援疆工作 [J]. 党建研究, 2012 (3): 52-53.

[13] 韩亚丹. 大学生社会责任意识培育研究 [D]. 华东师范大学, 2010.

第四章 新时代"红船精神"进课堂之课程改革

革命博物馆、纪念馆、党史馆、烈士陵园等是党和国家红色基因库。要把红色资源作为坚定理想信念、加强党性修养的生动教材,讲好党的故事、革命的故事、根据地的故事、英雄和烈士的故事,加强革命传统教育、爱国主义教育、青少年思想道德教育,把红色基因传承好,确保红色江山永不变色。

——2021 年 5 月 16 日,《求是》杂志发表习近平总书记重要文章《用好红色资源,传承好红色基因,把红色江山世世代代传下去》

第一节 国民"红船精神"教育课程建设

国民教育是对国民进行国家身份认同与归属的教育,是凝聚国家、民族和文化认同的重要手段,也是实现国家的有效治理和永续发展的基础保障,对任何主权国家而言都至关重要,具体而言,国民教育就是国家实施的让学生认识真正的国情,强调青少年应有爱国情操和民族自豪感,形成学生公民意识和参与能力的教育,由于我国社会历史和政治性质的影响，红色教育理应成为国民教育最基本的底色，而且习近平总书记在 2018 年的全国宣传思想工作会议等多个场合都有"要抓住青少年价值观形成和确定的关键时期，引导青少年扣好人生第一粒扣子"以及"让我们的青少年从小就烙上红色的烙印"等重要指示。在世界各地不稳定因素快速增加和各种社会意识形态激烈碰撞的外部局势下，在中国共产党诞生 100 周年之际，进一步挖掘"红色精神"的课程价值，深入推进处于人生"拔节孕穗期"的青少年的国民教育，是民族大计，也是未来大计。

一、课程背景："红船精神"是国民教育的红色文化基因

（一）"红船精神"具有整体的稳定性，是中国革命精神的源头，成千上万的信仰者确保了中国社会的红色烙印不褪色

"红船精神"是中国革命精神的源头，其科学内涵、生成逻辑、历史地位具有前后一致性，确保了红色基因的稳定性。2005 年，习近平同志发表了《弘扬"红船精神"走在时代前列》的文章，[1]首次提出且阐释了"红船精神"的科学内涵：开天辟地、敢为人先的首创精神，坚定理想、百折不挠的奋斗精神，立党为公、忠诚为民的奉献精神，这也是对红船精神最根本的理论定位。就"红船精神"的生成而言，"天下为公"以及"天下兴亡匹夫有责"等中华传统精神早已营造了丰厚的文化土壤，洋务运动、戊戌变法和辛亥革命等中国近代社会变革的不断失败，而且马克思主义思潮在中国的兴起，催促了"红船精神"应时代呼声破土而出。有学者认为"红船精神"具有继往开来的历史地位，[2]一是对中华民族精神的升华，是爱国主义为核心的伟大民族精神的具体体现，二是对中国革命理论的历史补位，在过去往往以井冈山精

神作为中国共产党革命精神的起点的背景下，习近平同志追寻党的历史，精准地发现其根脉，集中概括了建党精神。1921年，"红船精神"以星星之火，发展成为中国大地上的燎原之势，感染了无数仁人志士为民族解放和国家发展抛头颅洒热血，成为"红船精神"的信仰者，确保新中国成立后我国社会主义社会的性质不改变和中国共产党的执政地位不动摇。

（二）"红船精神"具有持续的传承性，是中国百年航程的主线，前赴后继的学习者确保了中国教育的红色底蕴不改变

1921年7月，原本在上海举办的中国共产党第一次全国代表大会，受到巡捕的干扰，最后一天的会议被迫转移到浙江嘉兴南湖的一条游船上举行，正是在这条后来被称为"红船"的小船上，中国共产党的第一个纲领和决议被讨论和通过，也正式宣告中国共产党的诞生，中国共产党的革命精神发展就此正式开始。从后来的包括坚定执着追理想、实事求是闯新路、艰苦奋斗攻难关、依靠群众求胜利的井冈山精神，坚定理想信念、忠诚爱国情怀、发扬艰苦奋斗、紧密团结互助、密切联系群众的长征精神，自力更生、艰苦奋斗的南泥湾精神，全心全意为人民服务的延安精神，自强、团结、牺牲、坚韧的抗战精神，进取、民主、科学、谦虚、谨慎、不骄、不躁的西柏坡精神等，都能发现"一心为民""艰苦奋斗""敢做敢当"等精神的传承和深化；即便在建国之后，雷锋精神、"两弹一星"精神、大庆精神、抗洪精神、"载人航天"精神等都是对"红船精神"的延续和发扬。在百年来的航程中，一代代的中国人不仅在学习"红船精神"的过程中成长，"红船精神"也在潜移默化中内塑青少年为忠实的马克思主义学习者，使其成为中华文化不可割裂的重要内容，中国教育的红色底蕴也一直未曾改变。

（三）"红船精神"具有适时的重组性，是现代社会发展的引擎，踏实奋进的实践者确保了中国发展的红色激情不减弱

红色基因的重组性，不是指"红船精神"本身的解构和再生，而是"红船精神"与时代精神的结合和再构。"红船精神"所蕴含的崇高理想与坚定信念是社会主义核心价值观的鲜明写照，也是社会主义核心价值体系的内在组成部分，本身就是体现社会主义核心价值观的鲜活教材，是弘扬和践行社会主义核心价值观的有效载体。[3]然而改革开放以来，国民的物质生活得到了极大改善的同时，一些消极的思想有所抬头，当代青少年群体中所蔓延的懈怠行为，长远看来，必然影响社会主义事业的建设和发展，因此发扬红船精神的国民教育性依然必要和紧要。并且，十九大闭幕后不久，习近平总书记就带领十九届中央政治局常委集体参观上海党的一大会址，瞻仰嘉兴红船，重温入党誓词，强调要结合时代特点大力弘扬红船精神，[4]可见，"红船精神"具有强大的重组能力和变现能力。习近平总书记提炼了"红船精神"，是弘扬"红船精神"的领路人，"红船精神"思想也是习近平新时代中国特色社会主义思想的红色底色，[5]在实现中国梦和推进民族伟大复兴的进程中，必将引领新一代青年撸起袖子加油干，追求奋斗出来的幸福，形成新形势下开天辟地创伟业的氛围，让全国人民的"红船精神"处于激活状态，在实践中学习，在苦干中顿悟，在探求中国梦的伟大历史进程中再次彰显其伟大，且在追逐中国梦的奋进过程中不断发展。[6]

由此，"红船精神"代代相传，永放光芒。对于"红船精神"教育，我们必须真学、真懂、真信、真用，这是一场伟大而深刻的社会教育革新实践，务必科学有效地扎实推进和学习。[7]让"红船精神"成为国民教育的基本目标与内容，融入中华民族的血脉中，对于加强中国共产党的领导和实现中华民族伟大复兴意义重大。

二、课程目标：锻造中国红，助推中国梦

2017 年，《光明日报》旨在用习近平新时代中国特色社会主义思想武装全党、教育人民，创办了《红船初心》特刊，深入浅出地对历史的"红船"、精神的"红船"、现实的"红船"进行权威解读和系统阐释。[8]而"红船精神"的历史性、精神性和现实性，也恰好是"红船精神"课程目标体系。

（一）走进历史的"红船"，培养爱党爱国情操

教育部印发的《中小学德育工作指南》（教基〔2017〕8 号），明确了新时期五大德育内容，首先就是理想信念教育，要求开展马列主义、毛泽东思想学习教育，加强中国历史特别是近现代史教育、革命文化教育，引导学生深入了解中国革命史、中国共产党史、改革开放史和社会主义发展史，继承革命传统，传承红色基因。由于"红船精神"特殊的历史地位和背景，其"前生今世"包含着丰富的红色史料，包括中共一大前的国内形势、一大中的红船事件和人物、一大后的红色革命等，增加青少年对近现代以来党史和国运的了解，培养他们对党的政治认同、情感认同和价值认同，引导学生增强中国特色社会主义道路自信、理论自信、制度自信、文化自信，厚植爱国主义情怀，把爱国情、强国志、报国行自觉融入坚持和发展中国特色社会主义事业、建设社会主义现代化强国、实现中华民族伟大复兴的奋斗之中。[9]

（二）走进精神的"红船"，培养道德意志品质

"红船精神"所蕴含的首创精神、奋斗精神和奉献精神，已经形成了一种永恒的文化品格。[10]首创精神就是要培养青少年的创新精神，"红船精神"是激发创新精神的思想源泉，敢于质疑、善于批判、勤于

想象，且创新是当代社会发展的主要方向，也是实现民族进步的不竭动力，中华民族未来的创新能力取决于如今青少年的创新教育。"艰苦奋斗"往往组合出现，"艰苦"是外在环境，"奋斗"是内在精神，在社会生产力以及经济环境较为落后的过去，环境越艰难，人们越奋斗；而如今艰苦环境的客观驱动性变弱的情况下，培养青少年自觉的奋斗精神尤为关键，为改变生活而奋斗演变成为实现中国梦而奋斗。新一代的青少年中独生子女较多，从小在几辈人的呵护和给予中成长，而个体的付出意识以及对集体的奉献精神面临着一定程度的危机，"红船精神"课程的开展，就是要塑造具有马克思主义奉献精神的社会主义接班人和建设者。

（三）走进现实的"红船"，培养公民参与能力

"红船精神"来源于实践，也必然回归于现实，知行统一是学习"红船精神"应然的价值取向，用"红船精神"培养人，重视精神的实践性和实际学习生活的问题性，把青少年的校内课堂和校外课堂结合起来，把自我改造与社会改造结合起来，说到底，就是让青少年形成运用"红船精神"解决现实问题的能力，切实让"红船精神"落实落地。"红船精神"最初的实现形式，就是共产党人主动积极地参与社会改造，于青少年而言，培养良好的学习习惯和勤奋的学习精神，是获取社会参与能力的基础，参与社会志愿服务等实践活动，是履行和培养"红船精神"的良好途径。因此，现实的"红船精神"就是形成青少年的社会参与能力，从中国学生发展核心素养角度看，就是培养青少年的责任担当和实践创新能力，处理好自我与社会的关系，养成现代公民所必须遵守和履行的道德准则和行为规范。

三、课程建设：内容、方法、评价

新中国成立以来，我国的国民教育取得了举世瞩目的历史性成就和进步，"红船精神"教育也具有一些实践性进展，形成了国民"红船精神"教育具有公共性、多元性、多样性和国民性的特征，但也不可否认，仍然遗留和面临着一些课程发展的现实问题。第一，"红船精神"教育的地方课程色彩突出，全国普及性明显不足。红船精神诞生于浙江，但不只属于浙江，[2]它是全国人民的精神财富，是各民族各地区青少年都应学习的国民教育课程，然而，浙江省特别是浙江嘉兴关于"红船精神"教育的研究较多，而全国其他地方较少甚至没有，导致"红船精神"多以地方课程和校本课程展开推广，浙江嘉兴红船作为中国共产党开天辟地的大事件，在国家课程中有"红船事件"的描述，却无"红船精神"的提炼，导致青少年一代只知物象的红船，却鲜知其承载的精神。第二，课程史料支撑较为薄弱，理论解释的说服力有待提高。我国国民教育体系的基础教育制度还不够发达、教育资源也不够普及，[11]尤其是对于本身具有弹性的精神教育，容易形成务虚不务实的倾向，以精神培养精神，以理论解说理论，务必进一步挖掘鲜活的"红船精神"素材，强化课程硬件。第三，"红船精神"课程的国民性有待加强。"红船精神"不用于一般课程的学习，它具有显著的国民性，这也是开展此课程最根本最核心的价值，在 1995 年的《中华人民共和国教育法》以及 2010 年《国家中长期教育改革与发展规划纲要（2010—2020 年）》对教育目的的表述均从社会与个人两方面对受教育者的素质构成做出了规定，强调对"中国"人和"文化性"的关注，[12]"红船精神"教育依然没有脱离传统文化学科应试教育的影响，教师教多于学生学，机械记忆多以意义构建，关注书本多于"人本"互动，导致了对国民性的遮蔽。总而言之，"红船精神"教育并没有整体性地和深入地与时俱进，需要对"红船精神"全面系统学、深入思考学和联系实际学，在"红船精神"课程开发中也要注意对以上突出问题的关注。

（一）课程内容的整合

"红船精神"，是基于历史事实和价值提炼而成，应该对"红船精神"的背景知识、生成内容和拓展内容等三个横向方面以及国家意识、文化认同和公民人格等三个纵向层面进行梳理，串联为纵横交错的立体知识，并且要注重大中小学教育内容的衔接，符合学生国民素养形成的阶段性规律，方便教师教且能吸引学生学。"红船精神"内容的梳理，是对学习方向的进一步明确。"红船精神"就内容载体而言是历史学科，需要整合其中的唯物史观、时空观念、史料实证、历史解释和家国情怀等，深刻理解政治形态是生产力决定下形成的生产关系，运用可信的史料努力重现历史真实的态度和方法，对历史事物有客观评判的态度，而且形成强烈的社会责任感和人文情怀。"红船精神"就内容价值而言是思政学科，需要整合蕴含政治认同、科学精神和公共参与的内容，形成对中国共产党和社会主义的真挚情感和理性认同，形成坚持马克思主义世界观和方法论，形成集体主义精神，乐于为人民服务的精神，正如习近平总书记在学校思想政治理论课教师座谈会上所讲，办好思想政治理论课，最根本的是要全面贯彻党的教育方针，解决好培养什么人、怎样培养人、为谁培养人这个根本问题。因此，"红船精神"最基本的内容整合是从历史角度和思政角度的开展。

而就内容整合的过程性而言，可借鉴习近平新时代中国特色社会主义思想关于理论教育的指导，[13]坚持"往深里走""往心里走""往实里走"的三大原则。第一，推进"红船精神"往深里走原则，避免停留于浅层次、表面化、碎片化的学习，即从知识走向意义，但也不可忽视知识的基础作用；从片面走向系统，虽然"红船精神"自成系统，但也要成为融于国民教育的整体系统中，进而深入地透视和理解"红船精神"。第二，推进"红船精神"往心里走原则，要避免形式主义，课程学习既高于知识但又基于知识，要达到认识与情感结合，学出自觉自信、学出责任担当，让"红船精神"不仅成为精神力量，更是政治信仰，从"红船精神"以客体走向主观个体，建立客体与主体的意义联系，将他我融于本我，将公共精神变成主观存在的个人品德。第三，推进"红船精神"往实里走原则，尽管"红船精神"要走向本我，但不能止步于本我，还得从本我走向他我，将本我对"红船精神"的理解反哺于客观世界，则是以实际问题为导向，联系现实生活，能够解决实际问题，让"红船精神"的学习切实转化为教师和学生个体的行动，让"红船精神"的意义与自我存在的意义紧密结合，最终成为知行合一且具有强烈国民性的中国人。

（二）课程组织的途径

融入国家学科课程。国家课程是国民教育的主要载体，"红船精神"教育要充分发挥学校国家课程教学的主渠道作用，将"红船精神"融入中小学的学科教学和大学的专业课程中，将"红船精神"教育内容渗透到相应的学科教学内容中，将红船基因、红船元素和红船故事编入国家课程的教案中，同时注意二者的调和，要从国家课程中找到适当的切入点，大力弘扬人文学科的思政教育作用，大力挖掘自然学科中的人文内涵，做到课程内容与红船文化同学习。同时，在课堂预设目标中要有国民红色素养的培养意识，在课堂生成目标中也要善于抓住利于培养爱党爱国、意志品质和参与能力的契机。

开发"红船"地方课程。浙江嘉兴作为党的诞生地和"红船精神"的发源地，当地教育系统大力实施"红船领航、红船先锋、红船育人、红船立德、红船扬帆"等"五大工程"，推动"红船精神"进校园，在广大中小学生中传承和发扬"红船精神"，而且编写了从幼儿段《红船娃》、小学段《红船少年》、初中段《红船心 少年梦》到高中段《红船情 青春志》系列教材，以必修和选修结合的方式对教材使用做出了系统的部署，采用"读本+德育实践"的形式，多元视角凸显"红船精神"的科学性、知识性和系统性，对于理解能力相对突出的学生，还采用了项目研究的形式，将"红船精神"与学生的生涯规划结合起来，为学生树立远大理想谋取长远发展打下基础。[14]

开发"红船"校本课程。根植于学校文化的校本课程才具有持续的生命力，也才能称得上真正的校本，因此，"红船精神"校本课程的开发，务必结合到学校精神，从学校的发展或变迁中梳理学校的精神发展史，从学校精神发展史中观照"红船精神"的红色印记或脉络，激发学生红色精神的发育，从培育学生中观的爱校情结到宏观的爱党爱国情怀。紧扣"红船精神"校本课程的精神培养目标，正视学校精神的事实性差异，尊重学校精神的个性化，不得强求千校一面的"红船精神"课程，要支持在不脱离"红船精神"本质的基础上的"一校一红船""一红船一课程"，以课程落实精神，以精神贯穿课程，最终达到以精神滋养精神的目的，从"红船精神"校本课程的开展落实立德树人根本任务。

开发"红船"活动课程。大中小学的活动课程往往具有吸引力强和参与度高的特点，而且在活动中学习、在参与中学习，能带给青少年更强的体验感和学习获得感。在小学阶段，可以开展"看红船电影""唱红船歌曲""讲红船故事"等教育活动；在中学阶段，开展"诵红船诗文""观红船故址""辩红船精神"等活动；在大学阶段，开展如"读红船经典""做红船志愿者"以及"开展红船研究性学习"等。青少年的道德发展阶段，与智育发展、心理发展以及环境变化具有较为普遍性的联系，因此，不同年龄段的"红船"活动课程，要充分考虑学生的接受度和教育效益问题，当然，并非一个活动课程只能对应某一特定阶段，我们可以通过调整活动内容的深度和规则等，让活动课程与青少年的道德阶段等进行匹配，如小学段可看"红船"卡通电影，而大学段可以看具有系统性的"红船"纪录片。

（三）课程评价的实施

由于"红船精神"课程具有较为多样的课程途径，这就决定了评价方式的多样性，总体可分为学生自我评价、学校自我评价和外部宏观评价。前两者的评价动力来自自身完善的需要，因而本质上是一种形成性评价；后一种是外部反馈性评价，具有总结性。

学生自我评价，主要采用问卷评价法，采用行为目标评价模式，让学生根据教育方案和计划的目标对照自己的行为特征，将"红船精神"教育目标分解为学生可自我观察、自我区分以及自我感受的末级指标，每一个指标分为积极主动表现（优）、自动表现（良）、从众表现（中）和负面表现（差）四个登记，在统计的时候分别按照3、2、1、-1的权重加以数量化的处理，[15]学生自我统计得分，根据优良中差的参考性分数，对比自己的课程学习情况。虽然自我评价具有一定的主观性，可能有一定的偏差，也难以进行精确的横向比较，但是能有效保护学生红色精神状况的隐私，也能在一定程度上激发学生的自我道德审视，形成红色自觉和道德自觉。

学校自我评价，主要是对"红船"精神课程运行情况的评价，采用CIPP模式，包括背景评价（context）、输入评价（input）、过程评价

（process）和成果评价（product）。首先，背景评价是对"红船精神"与学校文化贴合状况做出价值判断，慎思"红船精神"教育目标的校本化问题。其次，开展输入评价，即根据修订后的目标，对学校方案、计划能否实现的可行性评价，涉及的问题包括课程设置、教师素质、课堂环境以及学校支持等。再次，过程评价即在校本课程方案实施的过程中，与这一过程同步进行的信息反馈和处理，利于及时发现问题和改进，尤其是课程开展初期要特别注意这一点。最后，结果评价的重点仍然要回归到对目标达成情况的判断。

外部宏观评价，是社会或上级主管部门对"红船精神"教育对提升青少年国民性的评价。"红船精神"是国民教育的重要内容，但不是唯一内容，所以在宏观的国家层面的考试中对"红船精神"课程进行专题评价的实际可行性较小，除了上级部门对课程项目开展专项督导式评价外，则要借助斯克里芬提出的目标游离模式，[16]社会各界对"红船精神"课程效果的评价不依照所谓的课程预定方案，事实上，社会对青少年红色精神的评价往往来自社会群体对红色精神的普遍理解以及他们对当代青少年整体表现的感知，这种理解和感知来自真实的生活情景，代表了这个时代对青少年红色素养的焦虑或肯定，这种评价看似模糊和极富弹性，而实质上更为准确和稳定。

（四）课程师资的培训

教师是办好思政课的关键，要充分发挥教师的积极性、主动性、创造性，教师要给青少年埋下"红船"种子。由此，要开展好包括思政教师、教研员、学科教师和职前教师等四类教师的专项培训，他们是"红船精神"课程顺利有效开展的人力保障。

思政教师，是"红船精神"教育的专业教师，也是最为核心的主力军。首先要培养思政教师的政治性，强化思政教师的政治觉悟，要求思政教师与党的要求对标对表，走出思政课自身"小循环"、教育系统"内循环"，融入社会的"大循环"，[17]鼓励思政教师理直气壮讲政治、大大方方讲"红船"。其次，开展"红船精神"主题教学培训，研究"红船精神"政治性和学理性、价值性和知识性、理论性和实践性等统一问题，让"红船精神"教育专题发展和纵深发展。

学科教研员，是引领一线教师教育教学发展的学术权威，也是推动"红船精神"教育普及化的重要力量。学科教研员对本学科范围内的研究较为深入，不仅有理论素养，还有实践经验，但也在一定程度上缺乏宏观的教育视野，缺乏精神教育的意识，容易淡化学科教学的政治目的以及弱化"红船精神"融入学科教学的价值。因此，要引导教研员对"红船精神"教育的关注，形成"红船精神"融入本学科的理论构建和实践经验，随后辐射到区域内的学科教育教学教研中。

学科教师，是"红船精神"融入学科课程的直接执行者，也是活动课程开展的重要参与者。一方面，采用"理论培训+切身体验+榜样示范"的模式，以讲座、书报等方式让教师领会"红船精神"，以对红色教育基地的游览体悟"红船精神"，以当代或身边的先进精神个人为感召，认同"红船精神"，在培训、实践和领悟的过程中，心有"红船"，行有"红船"。另一方面，设置"红船精神"专项课题研究，鼓励学科教师以"学科课程+红船精神"的内容构架进行行动研究，促进教师的专业素养和"红船精神"理论水平同步提高。

职前教师，大部分职前教师都是青年一代，他们对未来有令人期待的人生抱负，对教书育人往往也抱有较大的职前热情，"红船精神"刚好能够迎合和满足他们的现实状态与需求，他们本来就需要接受"红船精神"教育。而且，他们是"红船精神"教育重要的后备力量，因为职业发展的需要，他们还需要学习如何开展"红船精神"教育。所以，在高校师范教育师德师风建设课中，加强"红船精神"专职教师的配备，对师范生开展红色思想教育；而且，也要开展"红船"课程开发能力以及精神教学技能的培训等，使得红色精神以及"红船精神"教育成为教师基本的职前素养。

"红船精神"融入国民教育的推进，还要结合国际国民教育规律、国内国民教育的现实而复杂的情况，以更综合的视野来看待。第一，"红船精神"教育是国家意识形态和政治意志的重要表现，历史背景和时代需求对国民教育的内容产生着既稳固又推新、既保守又发展的作用力，务必处理好时代精神和红色传统的关系。第二，经济和社会发展是推动"红船精神"教育变迁的根本性力量，正如马克思所说，"生产力是社会发展的根本决定力量"，"红船精神"教育要深度契合时代和国家的生产力发展，在人工智能越来越发达的今天，实施"红船精神"教育的渠道得到了极大的拓展，同时，异样的声音也在利用互联网等影响和动摇着国民教育主流思想，机遇和危机并存。第三，"红船精神"教育的内容和形式，还要考虑到地域差异、文化差异等，我国地广人多，不同地区的青少年教育的发展程度不均衡，各地对于"红船精神"以及其他爱国爱党爱民精神的浸润和理解程度也有差异。第四，对于"红船精神"的教育，学校、家庭、社会等不同的教育场域有其特定的边界，值得注意的是，边界并不等于局限，警惕对各个场域进行"超载""超重"式的拓展，也无须把各个场域的教育功能强制性地相互转移，尤其是不能把"红船精神"教育的重任全部推给学校教育，而是要结合具体场域的功能属性，全场域发展，全方位推进。

参考文献：

[1] 习近平. 弘扬"红船精神"，走在时代前列 [N]. 光明日报，

2005-06-21（1）.

[2] 李娟. 红船精神研究：综述与展望 [J]. 思想教育研究，2018
（9）：126-131.

[3] 王兆鹏. 准确把握"红船精神"的时代价值 [N]. 光明日报、
2018-02-08.

[4] 李泽泉. 红船精神的新时代意蕴 [N]. 光明日报，2018-
04-18.

[5] 中共嘉兴市委. 结合时代特点 大力弘扬"红船精神"奋力走
在新时代前列 [N]. 光明日报，2018-01-03.

[6] 马赛. 论红船精神与中国梦 [J]. 嘉兴学院学报，2014（2）：
16-20.

[7] 肖龙海. 真学真用，深入推进"红船精神"教育实践活动
[EB/OL]. 光明网-理论频道，2019-04-08. http：//theory. gmw. cn/
2019-04/08/content 32724660. htm.

[8] 张政. 做新思想的坚定信仰者、积极传播者、忠实践行者
[N]. 光明日报，2018-11-01.

[9] 新华社. 习近平主持召开学校思想政治理论课教师座谈会的讲
话 [EB/OL]. 中青在线，2019-03-18. http：//news. cyolcom/content/
2019-03/18/content 17957977. htm.

[10] 李安"红船精神"之时代价值论析 [J] 理论建设，2020，
36（1）：71-76.

[11] 张振元. 现代国民教育体系中职业教育的定位 [J]. 职业技
术教育. 2004，25（1）：33-35.

[12] 容中逵. 论教育目的表述的国民性问题——战后中、韩、日、
新四国教育目的之国民性比较分析 [J]. 外国教育研究，2006（12）：

6-11+67.

[13] 习近平. 在"不忘初心、牢记使命"主题教育工作会议上的讲话 [J]. 社会主义论坛，2019（8）：4-6.

[14] "红船精神"教材在浙江嘉兴首发 涵盖幼儿到高中 [EB/OL]. 澎湃新闻，2018-09-01. http：//news. sina. com. cn/c/2018-09-01/doc-ihinpmnr5233857. shtml.

[15] 肖龙海. "温州精神"教育的校本课程开发 [J]. 教育研究，2006（6）：83-85+96.

[16] 朱德全，易连云. 教育学概论 [M]. 重庆：西南师范大学出版社，2017. 330.

[17] 方俊良. 把思政课建设得更加坚强有力 [N]. 光明日报，2019-12-31.

第二节 "红船精神"校本课程开发

泰勒就在其书《课程与教学的基本原理》中指出："有关于态度的形成，人们通常会通过四种主要的方式形成。最常用的方式就是通过环境的同化作用。"[1]诚然，当我们周围的人们都认为是理所应当的事情，我们的朋友和熟人共同持有的观点，都是环境同化的例子。[2]这些态度或者是品德经常在我们都没有意识到的情况下就被同化了。这种方式可以适用在"红船精神"的培育之中。

一、"红船精神"校本课程的目标定位

对于"红船精神"的专题学习课程，可以按照威金斯《追求理解的课程设计》书中所示，从"红船精神"的基本大概念入手。"红船精神"是开天辟地、敢为人先的首创精神，坚定理想、百折不挠的奋斗精神，立党为公、忠诚为民的奉献精神的融合。[3]将其细化到学生身上，结合学生的年龄阶段等，可以提出以下的具体要求：

第一，深入了解红船事件和"红船精神"，了解其发生的背景、过程以及产生的意义。初步领会"红船精神"是开天辟地、敢为人先的首创精神，坚定理想、百折不挠的奋斗精神，立党为公、忠诚为民的奉献精神的融合，从而增强自觉提升思想道德品质，向"红船精神"靠拢的意识。

第二，学习"红船精神"，敢于争先，甘于奉献，从身边做起，为学生、为班级争得荣誉，树立集体观念，使得新的班集体有良好的班风和学风。

第三，学习"红船精神"的奋斗精神，明确学习目标，端正学习态度，在学习上有股向前冲、不畏艰辛的精神，有一个良好的学习方法，提高自学能力，形成良好的学习效果。

第四，进行法治教育，增强守法观念，正确区分社会上的善与恶、美与丑、正确与错误，提高明辨是非的能力。

第五，以爱国主义教育为中心，着力进行良好的社会主义道德品质、法制教育和审美教育。

基于以上学生培育目标的确定，学校可以进行校园文化建设，开展一系列德育主题活动，亦可以开展校本课程的开发和建设。

二、"红船精神"校本课程内容设计

"红船精神"校本课程的内容设计,可以从"了解'红船精神',研究'红船精神'、实践'红船精神'"三个部分来进行。[4]

从"红船精神"作为一种优秀的历史文化传统来说,此处强调的是中小学生对于"红船精神"的了解。了解层面的校本课程要强调中小学生对于"红船精神"的学习,了解革命先辈的优秀事迹,增强对"红船精神"的感性认识,逐步理解和认同"红船精神",确立"红船精神"在学生中的正确指导地位。

在研究"红船精神"阶段,要求将"红船精神"的感性认识升华转变为理性认识。此阶段的校本课程主要研究和分析"红船精神"的精神内涵,探讨"红船精神"和当代社会的关系,探讨"红船精神"对个人的价值和对社会的价值,意在让学生从思想上认同和内化"红船精神"。

在实践"红船精神"阶段,校本课程需要带领学生思考如何将"红船精神"融入自己的生活和学习之中,如何向革命先辈学习去实践首创精神、奉献精神等,力图将"红船精神"的教育落到每一个学生的实践层面,让学生能够通过自己的实践活动去落实,去深刻体会其内涵,并在自己的时代和生活、学习中,去深刻实践,提高自己的思想境界。

三、"红船精神"校本课程的实现途径

（一）专题性课程建设

在课程教学上，学校和班级可以共同合作，开发有关"红船精神"的校本课程。学校可以组织编撰有关"红船精神"系列地方课程和校本教材，让中小学生了解、热爱革命历史，通过有关"红船精神"历史事件的学习和英雄人物精神的品读，让学生真正感受革命先辈的首创精神和奉献精神。例如，南湖旁的北师大嘉兴附中有 20 多门选修课程与红船精神相关，如省级精品课程《行进中的南湖》；嘉兴市实验小学开设校本课程《红船旁的少先队员》。[5]

对"红船精神"的校本课程的进行，需要贴合学生的日常生活，不要如同对于党员的教学一样，对"红船精神"进行空泛的解说，大谈特谈高大上的理论和不切实际的幻想。"红船精神"校本课程的进行，没有高深的理论知识，要采用通俗易懂的知识，强调学生自身的体验，让学生了解和热爱生活，热爱和珍惜现下所拥有，培养他们对于自然生命、家乡和人类的责任感，[6]认同并集成我们的"红船精神"等一系列"红色精神"和文化传统，养成锐意创新和不断进取的人生态度。

在"红船精神"的课堂教学上，需要充分调动学生的知识与情感态度体验，调动学生的兴趣和学习积极性。[7]在"红船精神"的教学中，要把有争议的和动态性的问题交给学生思考和讨论，鼓励学生去调查取证和讨论甚至辩论，而不是作为一种德育知识直接灌输给学生。这样对于"红船精神"的教学，有利于学生在讨论或者调查澄清的过程中，开动脑子，处处思考，时时反思，使得"红船精神"作为一种思想道德培养，焕发出理智和感性的双重光彩。

（二）学术型课程渗透

除了专题性"红船精神"的课堂教学之外，班级还可以通过将学习的课程内容与"红船精神"相结合，将"红船精神"的基本内涵融入课程和教材内容之中，树立让学生学会勇于创造，艰苦奋斗，甘于奉献的目标。尤其在语文课和思品课等课程之中，可以将部分相关的内容同"红船精神"相结合，让学生身临其境，设身处地去了解和体会当年先辈们的抉择和牺牲、坚持与毅力，能够对学生的情感、态度有所触动和发展，最后能对学生的学习和生活有所助益。

在班级文化活动开展上，班级可以组织学生开展"红船精神"主题教育活动。班级可以就"红船精神"这一主题开展主题班会，读红色图书、讲红色故事、看红色电影、唱红色歌曲等等。关注学生的兴趣点，通过组织学生所喜闻乐见的形式的活动，吸引学生的注意力，提升学生对于学习"红船精神"的兴趣和动力，使得学生愿意去了解和学习"红船精神"，接受有关方面的思想教育，提升学生的思想境界和自身的素质。

四、校园活动的构建

学校文化校园建设中，可以把"红船精神"作为主题进行建设，[8]建造学校有关"红船精神"的核心地标，凸显红船文化，将"红船精神"融入其中。也可以建一些学生实践"红船精神"的优秀任务和事迹的展示墙，激励青少年继承历史传统，担当历史使命。学校的校园文化建设要形成主旋律与多样性统一，教育性与艺术性相协调的校园文化局面，进行"看得见、摸得着、感受得到"的优良文化校园建设。班级里也可以找一些关于"红船精神"的纸质资料和图片，对教室进行装饰。或者可以将教室后面的黑板，做一期有关"红船精神"的黑板报评比等。学校和班级可以从各个可能对学生产生影响的环境要素入手，将"红船精神"的深刻内涵融入其中，对学生产生深刻的影响。[9]

除了学校要通过营造良好的"红船精神"学习的氛围之外，泰勒还提出了"第四种形成态度的方法，是通过直接的理智过程"。当学生能够了解"红船精神"的内涵的时候，了解当时的历史事件含义的时候，甚至是能分析"红船精神"的本质的时候，它们会根据从这种智力分析中所获得的知识，对其形成特定的情感体验和态度。因此，我们要更加重视理智过程作为"红船精神"学习一部分的内容和程序。

学校还可以邀请有关"红船精神"方面研究的专家，请他们来给学生介绍和深入讲解"红船精神"的精神实质。专家可以结合当今习近平总书记提出的"中国梦"、当今中国的具体国情和当前的国际形势，让学生深刻了解，他们作为学生，可以从哪些小事开始做起，如何培养自己的"红船精神"，如何去将"红船精神"融入自己的生活之中去，最终将"红船精神"落地，生根发芽。

学校还可以通过将红船精神要素融入文艺会演、团日活动、党员先锋队、知识竞赛等形式，积极引导青少年在"首创、奋斗、奉献"的红船精神的指引下，成为学习宣传和实践红船文化的主角。学校还可以就"红船精神"这一主题，让不同社团的学生设计自己感兴趣的社团活动，开展"红船精神"的社团文化节。

学校还可以开展一些课堂、宿舍文化建设和一系列社会实践活动。[10]如嘉兴的一些学校还推出了课堂文明行动计划、"善和美"的寝室文化建设、"追寻红船印记"的暑期社会实践活动以及以红船精神为指引的创新创业项目等等，通过多种形式引导学生"躬行"于育人文化建设中，深入推进嘉兴学院文化校园建设。

如果条件允许的话，学校可以组织一次重游南湖，游览南湖革命纪念馆、革命烈士英雄园、名人故居等场馆，让这些场馆成为中小学生接受爱国主义教育的红色实践基地，进行体会"红船精神"的活动。带领学生到"红船精神"产生的地点，听当地的历史解说员或者老一辈的革命前辈们诉说当年有关的故事，深入到故事发生的背景中去，让学生真实地去感受，感知、从而深化学生对于"红船精神"的理解，提升学生的精神素养。[11]这一体验性活动让学生去了解情况，并相互介绍，相互补充，既整合家庭、社区的课程资源，也培养了学生社会实践能力和团队精神。

五、"红船精神"教育的教师培训

教师作为"红船精神"教育的主体，既要是"红船精神"的传播者和弘扬者，更要是"红船精神"的实践者。教师对于"红船精神"的解读和实践会影响学生对于"红船精神"的理解，乃至影响学生的道德发展和未来的人生轨迹。因此，对于"红船精神"教育的师资队伍的建设就变得格外重要。

"红船精神"教育的师资培训首先可以通过"专家指导"的方式，学校可以请"红船精神"的专家对学校的教师做一个"红船精神"的专题性教育，让教师了解什么是"红船精神"，了解"红船精神"的内涵。更重要的是，通过请研究"红船精神"的专家凭借他们对"红船精神"的深入研究帮助教师理解这一内涵，当然更多的是指导教师如何将"红船精神"传授给学生，不光是理论性的知识，更是一种精神内涵。教师需要了解，应该在什么样的场合，什么样的时候，用什么样的方式去引导学生学习"红船精神"。

其次，"红船精神"的师资培训还可以通过教师内部的研讨学习会进行。通过教师内部的学习研讨，共同探究学生应该学习到的"红船精神"是什么样的，是怎样有别于党校党课的，采用什么样的方式，学生乐于接受。利用教师内部集体的智慧探讨，形成一个完整的教学体系和方案。并在"红船精神"教育教学实施的过程中，不断进行交流，从彼此的教学中发现问题，及时修改教案，调整和完善自己对于"红船精神"的教学。

再者，教师不光是"红船精神"的弘扬者，更是"红船精神"的实践者。教师自身作为党员抑或不是党员，但是都需要学习"红船精神"的精神内涵，因为这在当代中国都有实际上的意义。教师需要将"红船精神"的内涵落到自己的实践当中去。在自己的教学过程中，要注重自己对于教学事业的热情和耐心，及时提升自己的专业技能和道德素养。真正地关爱学生和热爱教学事业，为教学事业奉献自己的耐心和热情，为学生点亮前进道路上的明灯，指导他们走向美好的明天。在教学方法上，教师需要不断地阅读教学有关的理论书籍，了解当代的教育。由于现在科技革命的不断进行，知识技术更新的速度都是爆炸式的，教师绝不能故步自封，需要通过自己的学习来武装自己的头脑，学会更新自己的教学理念，努力在自己的教学过程中不断创新，努力创造新的教学方法和思路，并力图将其推广，造福更多教师和学生。

参考文献：

[1] 泰勒. 课程与教学的基本原理 [M]. 北京：中国轻工业出版社，2014.

[2] 游聪. 雷锋学校德育校本课程特色研究 [D]. 湖南师范大学，2010.

［3］彭冰冰."红船精神"的思想政治教育价值探析［J］.思想教育研究，2016（7）：97-100.

［4］芮彭年.探讨红色教育资源运用的机制与原则——以上海市部分中小学校为例［J］.中国德育，2017（15）：36-40.

［5］红船精神引领下的南湖德育实践.［EB/OL］.http：//www.zjwh.gov.cn/dtxx/zjwh/2017-11-13/217192.htm.

［6］刘正伟，李品.论基于地方文化的校本课程开发［J］.教育发展研究，2006（17）：14-17.

［7］杨振德.关于校本课程开发［J］.中小学教学研究，2004（5）：4-5.

［8］卢蔡."红船精神"之于校园文化精神培育的当代价值［J］.学校党建与思想教育，2015（5）：81-83.

［9］周钰.红船精神如何推进文化校园建设——以嘉兴学院为例［J］.人民论坛，2016（5）.

［10］张兵涛，翟戏娟，程永康.大众创新背景下红船精神融入寝室文化建设研究——以嘉兴学院为例［J］.教育：文摘版，2016（2）：97.

［11］邹建良."红船精神"融入思想政治课实践教学的探索与实践［J］.思想政治课研究，2015（2）.

第三节 校本课程开发支持策略

无论是从教学专业化的角度，还是教师作为专业人员的权利来看，参与课程开发都是教师专业生活的一个组成部分。就校本课程而言，教师处于一个关键的地位。[1]英国著名的课程理论专家斯腾豪斯极为重视教师的专业作用，认为："没有教师发展就没有课程开发。"因此教师的专业作用在校本课程开发中尤为关键。

一、与教师有关的支持策略

已有的研究证明高中思政教师在校本课程的开发方面面临：专业知识挑战、责任意识挑战和研究创新挑战。[2]因此，校本课程开发中一方面要注意教师的专业知识技能培训，发展专业能力，又要鼓励教师转变传统的课程理念，主动开发课程。[3]不同年级、学校教师之间要经常交流课程经验，分享好的校本课程开发策略。

校长作为课程的决策者，要发挥好领导作用。校长的态度很容易影响教师队伍的课程热情。校长作为带头人，要支持教师队伍的研究、创新，促成校本课程开发小组，为教师提供专业发展的机会、相关的资料数据、交流机会等等。

校本课程开发具有专业性、科学性、系统性的特点。鉴于目前教师队伍在校本课程开发方面的不足，应邀请课程专家的介入，提高校本课程的专业性。把经验和专业有机结合，开发课程。[4]

二、教材方面的支持策略

课程是学生要选择的课程，校本课程的开发相对于国家课程更灵活，能更好地体现办学特色，更有针对性地反映学校学生需求。教材，作为课程内容的集中展示，要充分考虑到学生的特点。若有必要开发教材，一定要注意教材内容的设计和组织。具体来说，教材内容的展开要考虑学生注意力的广度，围绕主题进行，不能没有限度扩展。校本课程的进行，一方面要考虑和其他学科的结合，另一方面要注重校本课程的开发。针对第一种情况，这里以部编版高中语文教材为例，中华优秀传统文化、革命文化、社会主义先进文化贯穿必修、选择性必修和选修课程三类课程，全面加强和专题学习相结合，把"立人""成才"落到实处。另一方面，注重红船精神与其他革命精神，如"井冈山革命精神"的联系，[5]开发校本教材，以绘本、漫画、图册等艺术表现形式与文字相结合，增加内容的趣味性和可读性，[6]同时在任务的设置上要符合多样化、差异化、开放性原则，既增加交互性，鼓励学生积极思考，又能增加学生的参与体验，因材施教。[7]

三、校园文化环境方面的支持策略

校本课程的开发是以学校为主体，课程的开发与实施一定离不开校园环境建设。校园环境是一个整体的系统，前面所涉及的内容多多少少也是学校整个环境的一个缩影。构建有利于红船精神校本课程开发的环境可以从构建交互式学习环境入手。

融入情境的教学才有可能取得持久、有效的效果。校本课程的开发要从整个教育的大环境出发，落实大教育观的概念，挖掘教育资源，通过确立校本课程目标，设计课程方案和实践活动，优化校园空间布局，开展特色教学。首创精神、奋斗精神、奉献精神是红船精神的内涵。[8]学校可以借鉴的活动模式有很多，其中比较常见的就是志愿者活动，通过参加活动，体验助人的快乐，感受自我价值，培养奉献精神。此外，学校内也可以组织文化节，展示多元的社会文化，并通过主题展览，观影，展览馆、故地重游等方式直观地感受红船精神的力量。在校园的某一个区域或者展牌区展出关于红船精神的介绍、宣讲，形成一种积极向上的文化氛围。还鼓励学生选修校本课程，通过增加游戏、小组互动环节等等，吸引学生参与。有效整合校园资源，通过学生交互学习，可以让教育资源在学生中流动，互相激发。[9]

四、校外的支持策略

（一）其他课程资源的挖掘

红船精神是中国革命精神的重要源泉，也是中国文化"爱国精神""团结精神""自强不息精神""舍生取义精神"……在20世纪20年代的鲜明体现。红船精神诞生在浙江，2018年浙江红船干部学院得以组建，学院把弘扬红船精神作为办学灵魂、鲜明旗帜和立院之本。开发主题集中、形式多样、精品突出的课程体系，编撰特色教材，紧紧围绕"三个地"的思政高度推动主题教育向更深更实处发力，为主题教育开展得有"红船味""浙江味"贡献力量。同时还和南湖革命纪念馆合作，统筹各类资源。这些都是校本课程开发可以借鉴和二次挖掘的资源。

（二）区域试点，校际合作

校本课程既需要校内专家学者的支持，也需要校外专业人士的帮助。地方院校可以在本校开展校本课程的试点，探索红船精神高校思政校本课程的开发路径，如果能和其他院校、纪念馆建立联系，就能更好地统合课程资源，提高课程效果和丰富性。

由于红船精神校本课程的开发尚未形成一个相对具有普适性的开发范式，各个学校、地区之间的红色文化资源分布情况也有很大差异，教师的课程开发理念也不一致，所以在课程的开发中要尽量避免一刀切的模式，当然这种特色化的课程不是一蹴而就的。具体地来说，可以初步分为前期和后期，课程开发前期，在一定的地区范围可以允许部分院校先行试验，探索当地的课程模式。在探索出一定的经验后，鼓励校际合作交流、经验分享。发挥院校的主体作用，以点带线、以线带面。探索校本开发模式，对于推动教育可持续发展具有积极意义。

参考文献：

[1] 约翰·埃里奥特.教师在课程发展中的作用：一个英国课程改革尚未解决的问题 [J].外国中小学教育，1993（4）.

[2] 范蔚，郭寿良.川、渝、云、贵中小学校本课程开发现状的调查报告 [J].西南大学学报（社会科学版），2008（1）：54-59.

[3] 阮畅畅.高中政治学科校本课程开发的策略与反思 [J].思想政治课教学，2014（7）：14-16.

[4] 吴敏.思想政治课"校本课程开发"的支持策略 [J].思想政治课教学，2012（1）：13-14.

[5] 肖纯柏.民族精神视野下的红船精神及其当代价值 [J].中共杭州市委党校学报，2019（6）：11-15.

[6] 浙江红船干部学院理论学习中心组.用红船精神助力主题教育 [N].浙江日报，2019-07-23（8）.

[7] 张捷."红船精神"融入思想政治课堂的路径探赜 [J].成才之路，2019（21）：2.

[8] 李臣学，孙跃东，宇振盛，等."红船精神"融入大学生创新创业教育研究 [J].创新创业理论研究与实践，2019，2（20）：71-72.

[9] 吴晓亮，张君妹.让红船精神落地生根的校本探索 [J].中国德育，2019（9）：60-62.

第五章　新时代"红船精神"进课堂之教学创新

要用这样的红色资源，讲好红色故事，搞好红色教育，让红色基因代代相传。

　　——2021年3月22日至25日，习近平在福建考察调研时的讲话

第一节　真学真用"红船精神"

习近平同志在《弘扬"红船精神"，走在时代前列》一文中，论述在新的实践中如何继承和弘扬"红船精神"问题时，强调指出："要以改革的精神推进党的建设各项工作，围绕深化理论武装这一首要任务，深入研究如何全面贯彻'真学、真懂、真信、真用'的要求，坚定建设中国特色社会主义的理想信念问题。"习近平同志在这里连用了四个"真"字，从学习的知、情、意、行诸方面，深刻阐述了新时代"红船精神"学习教育知、信、行统一的真实性学习本质特征与基本要求，高屋建瓴地阐明了新时代"红船精神"学习教育范式转型与创新的基本问题与目标指向。

真实性学习是在（类）真实生活情境中，围绕真实任务或问题展开探索与互动，从而获得真实体验与实践智慧，并为社会做出贡献的学习。真实性学习是一种知必行与行必果、知行合一的学习范式。相对传统的接受学习而言，真实性学习是学习者（学员）主动建构的学习过程，他们主动运用各种有意义的机会和适当的支持，在真实世界和创造性环境中，通过调查研究、解决问题、批判性思考，以及通过对真实世界的自我反思来建构知识理解与实践意义。

习近平总书记在谈到弘扬与践行社会主义核心价值观时，曾多次强调要做到知行合一。弘扬社会主义核心价值观绝不能停留在"知晓"上，停留在学习号召、理论研究、宣传讲解上，而要落实到具体"行动"上，落实到社会每个成员的实际行动中，让社会生活的方方面面彰显和绽放社会主义核心价值观的光彩[1]。习近平总书记在 2019 年春季学期中央党校（国家行政学院）中青年干部培训班开班式上发表的重要讲话中强调："要在常学常新中加强理论修养，在真学真信中坚定理想信念，在学思践悟中牢记初心使命，在细照笃行中不断修炼自我，在知行合一中主动担当作为。"无论是论述弘扬红船精神、弘扬社会主义核心价值观，还是论述干部尤其是青年干部理论学习等理论与实践系列重大问题时，知行合一、学活用活、常学常新的真实性学习理念是习近平新时代创新学习强国思想体系中一以贯之的核心内容。

大力弘扬"红船精神"，尤其是大力推进"红船精神"进学校、进课堂、入人心，让"红船精神"代代相传，培养具有红色文化底蕴的时代新人，这是新时代一场伟大而深刻的教育革新实践。我们必须深入学习习近平新时代中国特色社会主义思想，全面贯彻真实性学习原则要求，真正做到知行合一，让"红船精神"内化于心、外化于行。

真实性学习是一种倡导将所学知识与真实世界的事件、问题和应用相联系起来的学习，它强调学习者的真实体验，主张让学习者在处理现实生活世界的真实问题的过程中进行有意义的实践体验学习。真实情境、真实任务与真实应用是真实性学习的关键要素，也是其保持与真实世界相联系的首要学习原理。

一、真实生活情境，创设实践氛围

真实生活情境指具体的日常生活环境、现实问题情境。巴萨卢等人[2]研究发现，当学习者"投身"于情境之中时，他们的心智能够被充分激活。"在哪里用，就在哪里学。"情境学习理论认为，你要学习的东西将实际应用在什么情境中，那么你就应该在什么样的情境中学习这些东西。学习的本质是参与真实的实践（莱夫和温格，1991）。学习不是简单地把抽象的、去情境化的知识从一个人传递给另外一个人，学习是发生于社会环境中的实践活动或行为，它是学习主体在与情境的接触、互动中选择或决定自身的行为，并且随着情境的变化而变化。因此，唯有将学习镶嵌于它所维系的具体情境之中，学习才会被赋予真正的意义。

习近平总书记（2019）指出，在学习理论上，要"往深里走、往实里走、往心里走，把自己摆进去、把职责摆进去、把工作摆进去，做到学、思、用贯通，知、信、行统一"。生活即学习，学习即生活。学习与弘扬"红船精神"必须联系日常生活与工作实际，让学习者在解决日常生活与工作问题的真实情境中去从事各种各样的实践、实干活动。[3]这里真实的问题情境，就是我们日常生活与工作的具体环境；这些需要从事的实践活动，也就是我们日常生活与工作力求改进、优化与发展的活动。在这里，学习者的身份和角色意识、完整的生活经验及学习任务有机统一、融合为学习者中心情境。置身其中，学习者成为情境的中心、学习的主人，他们不再是机械记忆抽象的概念，他们的经验和信息的获取以及理解运用都建立在实际生活需要的基础之上，为真实的实践活动的展开创造了良好的环境与氛围。著名哲学家、教育家杜威指出："教学法的要素和思维的要素是相同的。这些要素是：第一，学生要有一个真实的经验的情境——要有一个对活动本身感兴趣的连续的活动；第二，在这个情境的内部产生一个真实的问题，作为思维的刺激物……"[4]

例如，习近平总书记提出的瞻仰南湖红船的"六个一"活动，就是基于嘉兴南湖红船、南湖革命纪念馆现场——真实问题场景中所从事的真实体验学习活动："在先进性教育活动期间，成千上万的共产党员从祖国各地来到南湖，看一次展览，听一次党课，学一次党章，观一次专题片，瞻仰一次红船，重温一次入党誓词。"[5]在一个富有活力的、真实的思考体验情境中，学习者不仅可以解决问题，而且可以发现他们自己的问题，"做到学、思、用贯通，知、信、行统一"。

二、真实任务驱动，坚持求真务实

任务指交派的工作、担负的责任。它是人们在日常生活、工作、学习、娱乐等过程中所做的各种各样的具体事情。真实任务一般有一个真实的目的，以意义为中心，它有一个明确而有实际意义的结果。一项真实任务既是活动的具体内容选择，也规约着完成任务的过程与方法、手段与评价。真实任务一般有两个基本元素：一是在真实世界中的任务。任务本身是实际生活中会发生并且可以产生真实的、有意义产品或者结果，这些都会对学习者的生活、学习和日常工作产生实际影响。二是真实任务往往指向真实、具体的对象。例如，为政府写意见信，任务指向对象就是政府机关。

习近平总书记（2019）强调指出："要牢记空谈误国、实干兴邦的道理，坚持知行合一、真抓实干，做实干家。"实践出真知。祖尔（Zull，2003）研究指出，学习活动是大脑神经网络的改变，而有意义的实践和学习评价是导致这种改变的两个重要因素。真实任务驱动的"红船精神"学习教育活动不同于一般的"书本驱动、读本驱动"，它强调要在日常生活环境里，以改进实际工作与学习为目标导向，通过学习者在完成真实任务的实践操作过程中，学习、继承与发扬"红船精神"。这种任务是在"红船精神"教育传承的总体目标以及分类目标的指引下，通过参与教育活动的全体或部分成员共同讨论、设计、选择，并有机地融合到学习者日常生活、工作、学习、娱乐等活动过程中，是一种有意义的实践任务、工作任务。理论学习与指导实践、推动工作有机地统一于真实任务完成的实践过程之中，实干促进实学，实干创造美好未来。

例如，杭州市余杭区太炎小学在全面开展"争当铁军先锋、争做全省榜样"的党建活动中，学校党支部紧紧围绕学校教书育人的使命任务，结合学校支部特点，扎实开展"3+X"党员先锋岗活动。"3"是指党员教师带好头，每学期上一节课改示范课、帮扶一名学生、带一名徒弟或同伴互助提升质量；"X"是指志愿者服务等行动，主要是"党员教师加班一小时，家长放心接孩子""党员护学岗""党员安全责任区"等活动，充分发挥党员教师的先锋模范作用，为提高学校教育教学质量、为办好百年名校贡献力量，同时通过这种真实任务的完成，履职尽责，不断增强党支部的凝聚力、战斗力和影响力，推动支部党建工作再上一个新台阶。

"3+X"党员先锋岗活动是学校党员教师定期要完成的真实任务，是学校教育教学的实际工作。"红船精神"真实性学习任务一般是整体综合性任务，学习者可以自主选择并深度合作完成任务、承担责任；当然，这种任务不是一次性的短暂任务，而是持续不断的连续性任务——几周或者几个月乃至几年之久的整体综合性任务，既最大限度地调动、激励全体参与学习者的主动性、积极性与创造性，又最大可能地促进学习者持之以恒、坚持不懈地合作完成任务，履行职责，团结协作，学以致用，推动"红船精神"创造性转化、创新性发展。

三、真实应用评价，持续改进学习

习近平总书记（2019）强调："武装头脑、指导实践、推动工作，落脚点在指导实践、推动工作；学懂弄通做实，落脚点在做实。""红船精神"真实性学习需要真实应用评价与之相配合，实现评价与学习任务的无缝对接，以便能够反映广大学员学习运用"红船精神"指导实践、推动工作的实际情况。

评价是对教育活动的价值做出判断，以期达到教育价值增值的过程。评价就像"指挥棒"一样支配或引导着教育活动的各个环节，具有导向、诊断、调节等功能；通过评价能够发现教育问题、查明影响教育效果的各种因素，为改进教育实践工作提供依据。评价是认识活动的一部分，尤其是价值认识活动不可缺少的一部分。缺少了评价环节，就缺失了信息反馈机制，教育过程就不完整，我们就难以判断或验证教育活动是否达到预期目标、参与的学习者是否学有所获。

真实性学习评价不仅要评价学习者的实际表现，更要促进学习、持续改进学习。麦克泰（McTighe，1996）[6]的研究表明高质量的学习来自持续的评价、反馈和调整。我们可以利用定期的评价来确定学习者是否达到了既定的学习目标（对学习的评价），也可以利用连续的一系列评价来帮助学习者改进"红船精神"真实性学习活动（促进学习的评价）。在促进学习的评价中，学习者也是评价者，他们自己定期与不定期、持续不断地监控、改进与完善自己的学习。学习者成为学习评价的主体与用户，他们以主人翁的姿态积极主动地参与学习教育活动，避免出现被动应付、盲目学习、敷衍了事的现象。

真实应用评价就是在真实生活环境中评价学习者的表现（韦博，2003）[7]。UbD 理论认为，当学习者理解可迁移的概念和过程，给其提供更多机会将理解的内容应用到有意义、真实的情境时，才更可能获得长期的成效（威金斯，等，2005）[8]。PBL 的倡导者假设，学习同时包含了认识和行动两方面，知识与运用知识的能力同等重要。当学习者被鼓励将新知识与原有知识相结合、获得大量应用知识的机会、新知识的背景与实际运用知识的背景十分相似的条件得到满足时，学习者更能深入理解、建构知识意义。

真实应用评价强调评价任务的真实性，评价任务应与人们在现实生活中、工作中遇到的问题相同。在真实应用评价中，评价是学习的一部分，是发展变化、不断促进学习的一个过程，而不是一个终结。

再如，上文提到的杭州市余杭区太炎小学为了进一步弘扬红船精神，引导青少年全面认识、深刻理解党史和习近平新时代中国特色社会主义思想，学校举办了"红船领航"主题演讲比赛，传承红船精神，争当红船少年。小选手们纷纷表示，要争当红船精神的学习者、继承者和传播者，为红船精神的传承与弘扬，贡献自己的一份力量。针对演讲比赛活动，我们可以设计真实应用评价项目——"做社团小记者"，要求参与的同学们在比赛开始之前就以小组的方式去研究主题演讲比赛的有关信息，在比赛的过程中做好相关记录，并且采访其他出席比赛的人员，收集他们的看法与感想，然后撰写一份适合在社团或校报上发表的介绍主题演讲比赛情况的文章。通过社团小记者合作完成报道的任务，衡量与评估同学们参与主题演讲比赛的真实感受与收获，引导主题演讲比赛活动朝着更加真实的任务和结果推进，不断促进"红船精神"主题学习教育活动，这样学生们对他们的职责也会更加清楚；我们也会确信对提高教育活动的质量而言，"评价结果不但是有意义的，而且也是有用的"（威金斯，1990）[9]。

参考文献：

［1］钱念孙.弘扬社会主义核心价值观关键在于知行合一［N］.光明日报，2017-12-03.

［2］Barsalou, L. W. Grounded Cognition：Past , Present, and Future ［J］. Topics in CognitiveScience, 2010, 2（4）：716- 724.

［3］习近平出席中青年干部培训班开班式并讲话［EB/OL］，新华网 http：//www. xinhuanet. com/politics/leaders/2019 － 03/01/c ＿ 1124182661. htm。2019-03-01.

［4］杜威.民主主义与教育［M］.北京：人民教育出版社，2001：174.

［5］习近平.弘扬"红船精神"，走在时代前列［N］.光明日报，2005-06-21.

［6］埃德温·M.布里奇斯，等.以问题为本的学习：在领导发展中的运用［M］.冯大鸣，译.上海：上海教育出版社，2002：11-12.

［7］Sally Berman. Performance － Based Learning：Aligning Experiential Tasks and Assessment to Increase Learning ［M］. CorwinPress,

Thousand Oaks, CA. 2008：95-108，137-148.

[8] 格兰特·维金斯，等. 理解为先模式——单元教学设计指南（一）[M]. 盛群力，等译. 福州：福建教育出版社，2018：7.

[9] Kathleen Montgomery. 真实性评价——小学老师实践指南[M]. 国家基础教育课程改革项目组，译. 北京：中国轻工业出版社，2004：15.

第二节　创新设计案例

一、任务型学习设计

设计概述：任务型学习设计即基于学习任务的设计或任务驱动的学习设计。[1]学生的学习过程一般由两个阶段组成：一是"知识传递"，即教师在课堂上讲授知识和传递经验；二是"吸收内化"，即学生自己完成学习任务。在进行"信息传递"时，要使学生集中注意力全神贯注，就应该设置具体的任务，在任务驱动下，学生联结间接经验和直接经验，建构知识积极主动解决问题。任务型学习设计，实际就是以具体任务唤起学生的学习热情，学做合一，使学习过程变成完成任务过程，使学习充满目的性和主观能动性。[2]

任务型学习设计要以引领性、典型性、多样性、整合性、开放性、科学性、合理性、层次性、结构性、针对性等为基本原则。要源于教材，又能联系生活，要能激发学习兴趣，又能强化背景，要能联系自我，又能深化个性体验，要能从学生实际出发，又能实现基本超越。科学合理的学习任务的设置能充分发挥导向作用，达成学习目标，提升学生学科核心素养,激扬学生的生命力和创造力。教师在进行任务型学习设计时,要把握好基本要素,明确具体的学习任务目标、学习任务内容,学习的基础背景,教师和学生的角色,具体实施过程,预期的完成结果,要有整体观,任务要调动学生的积极性,任务要考虑有效性,要能培养学生自主学习和解决问题的能力,任务要发挥好其纽带作用。[3]比如,有教师在带领学生进行"红船精神"主题学习时,根据学生的学习实际设置了前学习任务,让学生梳理1840年鸦片战争以来中国不断遭受西方列强侵略欺侮而逐步沦为半殖民地半封建社会的进程,各个时期中国先进知识分子追寻信仰由此做出不屈不挠抗争的史料。[4]

课题名称:《画出心中的红船》

课型:任务型学习设计

设计思想

使学生在了解与红船精神相关的讲话、历史故事后,能够形成自己对红船精神的理解,使得红船精神真正在学生心中生根发芽而不仅仅是作为"政治术语"或"刻板印象"存在。

学习目标

学生能够理解红船精神

学习重难点

画出心中的红船精神

学习事件

讲授、练习、演示、讨论、研究、作业

学习资源与材料

教师提供辅助材料

表3　聚焦任务的学习过程

学习环节	学习内容	学习任务	学习行为	学习组织与指导	学习评价
课前：激活旧知	在上课之前阅读教师提供的辅助材料，了解红船精神学习任务的具体内容。在教师对学习任务的帮助下，学生需开始主动阅读和主动探究红船精神，同时，教师要鼓励学生更加深入地思考红船精神的内容。这部分学生可以阅读与红船精神相关的小故事和新闻报道，或者观看相关红船精神教学视频，并结合之前了解的红船精神内容，得出关于红船精神的具体认知	预学任务：了解红船精神学习任务的具体内容，思考红船精神的内容，得出关于红船精神的具体认知，学生对红船精神形成一个基本的了解和认识	自主学习组织学习	教师需提前准备好相关书籍、报纸和视频等，学生可自由选择观看。教师根据提供的材料设置几个小问题，通过这样的提问来完成课前热身的任务	表现性评价
课中：示证新知、应用新知	示证新知：学生已在课前了解过与红船精神相关的小故事、新闻等内容，但为了使学生能更顺利地进入课堂内容，教师需要就"如何画出心中的红船精神"做一个示范。教师首先选择一个自己最喜欢的与红船精神有关的小故事，将这个故事的主要内容以短视频或者PPT的形式向同学呈现，并告诉学生这个故事给自己带来的感悟。以此为基础，向学生展示自己在课前完成的绘画作品，且予以创作思想的阐述。应用新知：学生已经上过不少的美术课，因此绘画技巧已经不是本课堂需要关注的东西。教师应重在启发学生挑选或想象一个与红船精神相关的故事、景象或其他类型的"思想载体"，并以此为基础画出自己对这一"思想载体"的感想。绘画完成之后，教师邀请学生自愿将自己的绘画作品在全班做展示，讲出自己创作的心路历程，与同学和教师做分享。对于有分享意愿但来不及做展示的学生，教师可以建议他们将自己的创作思想写在小纸片上，将自己的绘画作品和小纸片一起张贴在教室的展览墙上	随堂任务、项目学习任务：学生能够用画笔体现自己对红船精神的理解。在绘画完成之后，教师邀请学生自愿将自己的绘画作品在全班做展示，讲出自己创作的心路历程，与同学和教师做分享。对于有分享意愿但来不及做展示的学生，教师可以建议他们将自己的创作思想写在小纸片上，将自己的绘画作品和小纸片一起张贴在教室的展览墙上	合作学习帮助学习展示学习组织学习	讲解、提示、告知、启发、引导联系思考、启发高质量回应	表现性评价

续表

学习环节	学习内容	学习任务	学习行为	学习组织与指导	学习评价
课中：融会贯通	学生撰写500字心得体会。学生将自己的心得体会与父母分享，邀请父母写下自己对孩子继承发展红船精神的期盼。将文本上交给教师，教师查阅后写下评语，反馈给学生。设计意图：学生根据课前课中对于红船精神的学习，熟知了红船精神的内涵，从他人的英雄事迹转而思考自身，真诚地写出自己的想法与抱负，深化课堂学习内容，以便有良好的拓展。同时，家长作为最了解学生的人之一，参与学生学习后反思与感想并与学生进行交流互动能够有效地增强学生课后学习效果。最后，教师对学生的课后作业给予反馈是必不可少的步骤，学生希望引起教师的注意，期盼得到教师的关心，教师的评语对于学生的心理影响是极大的，也使学生对红船精神产生更浓厚的兴趣，达到持续探究的效果	课后任务：课后反思、讨论和巩固新习得的红船精神，撰写500字心得体会：作为少先队员，我们能为弘扬红船精神做些什么？	自主学习帮助学习组织学习	讲解、提示、告知、启发、引导联系思考、启发高质量回应	表现性评价

二、案例式学习设计

设计概述：案例在这里特指的是典型真实的素材。所谓案例式学习设计就是教师通过选择鲜活的、生动的、丰富的、真实的、有意义的典型素材，将其运用到学科学习中，以这些素材为中介，使学生分析、辨别及解决现实问题，从而接受知识，提高学习效率，形成正确的价值观。[5]

案例式学习设计将典型真实的素材转化为具体的情境抑或背景，激发学生学习兴趣和解决问题的能力。案例式学习设计要遵循选材的典型性和时代性，选择的案例要有典型影响，且具备正确的价值观和正能量，贴近学生实际，联系学生生活，能引起学生共鸣和思考，选择如果是当下的或者具有特别的新颖性是最好的。此外，案例式学习设计应该还具备互动性，能以素材为支点，激发学生思维和头脑风暴，展开积极的讨论，在讨论中生成知识和价值观。案例式学习设计的一大特点就是根据学习目标选择"案例"讲述问题，推动学习，解决问题。[6]在进行案例式学习设计时，应按照基本的程序操作，确定学习目标，紧扣目标，搜集合适的案例素材并进行二次优化，创建案例学习的积极环境，以素材为导引推动学习，引导学生思考和共鸣，学习过程应有艺术性。比如，有教师在进行"红船精神"案例式学习设计时，选择了典型的事件、重要的历史人物、关键的会址等，如中共一大、陈望道、南湖红船等。

课题名称：《体悟红船精神》

课型：案例式学习设计

学情分析：学生对红船有所了解，但对红船精神知道得不多，关于其来历、内涵，需要更多地了解并体验，所学促所思才能有所行。

设计思想

以学生为主的教学方式，教师只是作为引导、把握教学内容和目的，以及点评讨论观点，使课堂教学达到学生之间交流、师生之间互动，学生置身于课堂教学当中，在交流和互动中掌握学习内容，完成教学要求，达到提高教学质量的目的。

学习目标

总目标：通过有效的理想信念教育，对青少年学生加以正确引导，培养他们牢固树立马克思主义的世界观和坚定的无产阶级立场，传承以"红船精神"为源头的红色基因。小学主要注重在学科的教学中深入挖掘"红船精神"，注重在理论、党史教育中充分阐释"红船精神"，注重在实践教育中传播"红船精神"，引导学生奠定科学的思想基础，自觉做共产主义远大理想和中国特色社会主义共同理想的坚定信仰者、忠实实践者。

具体目标：

学生通过知识环节，简单了解红船精神的内涵和革命由来。

学生通过浙大拾荒人等引入案例的介绍进行讨论分析，在案例中深入学习理解红船精神。

学生通过自己准备和分享"守船人"的事例理解精神的具体形式。

学生通过思、写表达"红船小卫士"现行的做法和未来的期望。

学习重难点

了解红船精神的内涵和革命由来，理解红船精神的具体形式。

学习事件

讲授、练习、演示、讨论、作业

学习资源与材料

PPT，知识卡，红船小卫士纸片，朗诵视频

表4　聚焦任务的学习过程

学习环节	学习内容	学习任务	学习行为	学习组织与指导	学习评价
第一次课：讨论互动式教学准备	1. 讲清本课程的上课要求、安排和评分标准。 2. 按组进行讨论。分组（4人/组或自然组），选组长，组长负责本组的案例分析工作和贯彻教师的教学要求、内容、目的，所有学生与教师一道总结每次讨论课的效果，改进下一次的授课安排，考勤等等。 3. 讲授红船的基本概况，让学生对本课程总体上有一定的了解。 4. 给出下次课讨论的题目和要求	随堂任务：讲授红船的基本概况，让学生对本课程总体上有一定的了解。给出下次课讨论的题目和要求	组织学习合作学习	讲解、提示、告知、启发	表现性评价

续表

学习环节	学习内容	学习任务	学习行为	学习组织与指导	学习评价
第二、三、四次课：案例式教学	首先，通过浙大拾荒老人的案例作为导入环节，引起学生们对于红船精神的兴趣，引导学生对于这些案例进行分组讨论与上台展示。 其次，进行学生们自主的案例式讨论探究： 1. 红船情，话革命 学生谈谈对红船知道什么？主持人分享自己的知识，并让学生简单了解"红船精神"的由来。主持人分发知识卡片，让学生在4人小组内传递卡片、交流知识。主持人设计问题，由同学们根据卡片知识进行"红船知识竞答"。 2. 守船人，筑国魂 主持人邀请5位同学上台介绍他们心中的"守船人"：城市的美容师——环卫工人；白衣天使——医生；人类灵魂的工程师——教师；国家的脊梁——军人；成长的见证者——家人。除此之外，再邀请其他同学进行踊跃分享他们心目中的守船人。 3. 红领巾，传星火 主持人下发"红船小卫士"纸片提出"作为少先队员的我们也可以成为很好的'守船卫士'，我们打算怎么去'守卫'呢？"由学生写下自己的话，再由学生在班级分享。 4. 班级诵读 邀请有兴趣的同学上台诵读《红船精神驶进我的梦》	随堂任务：学生对于浙大拾荒老人的案例进行分组讨论与上台展示；自主的案例式讨论探究；红船知识竞答；介绍守船人；如何成为很好的"守船卫士"；诵读《红船精神驶进我的梦》	组织学习合作学习帮助学习展示学习	引入案例、客串主持人、讲解、提示、告知、启发、引导联系思考、启发高质量回应	表现性评价

三、体验式学习设计

设计概述：体验式学习设计指的是教师为了让学生真实地体验以往经验，领悟知识内涵，并审视自己的体验，结合学生的生活和实践，通过引导学生亲历感受和切身体验等手段，帮助学生感悟符合自身认知水平和心理特征的"知识"，从而引发共鸣而精心设计的有计划的学习活动。体验式学习设计是通过将外在的"知识"感官体验内化成个体经验、知识和情感的过程。[7]

体验式学习设计有很多类型，包括情境体验式学习，比如，实地参观遗址；情景体验式学习，比如，情景角色扮演；直观感受体验式学习，比如，影视资源的播放和图片史料的观看；实践探索体验式学习，比如，制作类活动。体验式学习设计要遵循最近发展区原则，在学生能够在现有水平应用下完成体验式学习，要遵循可操作性原则，能真实有效地让体验发生，要遵循可控性原则，体验具有开放性、自主性、主观性和民主性，教师必须发挥自己的作用，不能使体验偏离方向。体验式学习设计在具体实施和应用过程中，要遵循以下基本步骤，确定体验目标；创设情境或营造环境，开始体验；进行引导，深化体验；激发共鸣，升华体验；总结归纳，迁移体验。体验式学习设计凸显了生活味和渗透性。有教师在引导学生进行"红船精神"主题学习时，创设"访红船·忆初心"的体验式学习模块，引导学生用双眼双脚感受100年前"开天辟地"的大事件，感悟以"红船精神"为核心的中国共产党建党精神。

课题名称：《我心中的红船精神——忆红色初心，扬红船精神》
课型：体验式学习设计

学情分析： 本课程教学对象是初二年级学生，该年级学生素质个别差异明显，学生求知欲强，学习积极性高，上进心强。但是学习的注意力还在不断地发展完善，因此他们学习的纪律性不是很高。在组织教学时，充分利用学生好动心理，发挥他们的主动性，为学生创设宽松、愉悦的学习氛围，对学生多表扬、多鼓励，为每一位学生提供自我展示、自我表现的机会，让学生都能在活动中体验快乐和喜悦。体验式教学作为学习、巩固和提高的方式方法，让学生兴趣盎然地参加活动，成为课堂的主角。

设计思想

当前部分青少年价值观出现偏差，需要借助红船精神对其进行适当的引导。当今部分青少年，在市场经济负面效应的影响下，崇尚金钱至上，强调自我价值，出现了道德认识和道德行为的脱节。这些思想与现象，与当代中国青年肩负的历史使命极不相称。面对青少年的这些问题，有针对性地用红色资源中的宝贵精神财富教育他们，引领他们树立正确的世界观、人生观、价值观，使他们不忘本，不变质，更加珍惜来之不易的美好生活，用自己的辛勤劳动，肩负起振兴中华民族的历史使命，使红船精神代代相传，就显得更为重要了。本课程采用体验式教学法，教师利用那些可视、可听、可感的教学媒体努力为学生做好体验开始前的准备工作，让学生产生一种渴望学习的冲动，自愿地全身心地投入学习过程。学生完完全全地参与学习过程，真正成为课堂的主角，并在亲身体验过程中掌握知识。而体验式教学法有三种具体的形态，本课程侧重于树立学生正确的价值观，所以主要采用情感体验式学习，即以加深情感体验、形成某种态度为主要目标的体验式学习。学生通过情境体验，个体不仅获得知识，更要产生情感、态度或价值观的变化。

学习目标

了解中国共产党的发展历史，认识中国共产党的诞生是近代以来中国社会及人民革命斗争发展的必然结果。

掌握"红船精神"的历史起源、发展历史与具体内涵。

理解"红船精神"的时代内涵与价值，并说出红船精神的代表人物与事迹，能结合现实例子进行分析，提出自己的思考与感悟。

明晰作为当代青年所承担的责任，说出自己如何继承和弘扬红船精神。

通过体验式活动，能积极参与小组活动，尊重倾听他人的意见，充分表达自己的观点与想法。

学习重难点

"红船精神"的历史起源、发展历史与具体内涵

如何继承和弘扬红船精神

学习事件

体验、读书指导、练习、实习作业、讨论

学习资源与材料

可视、可听、可感的教学媒体，场馆，纪念园

聚焦任务的学习过程

体验式活动一：红船精神起源

活动背景：此课开展对象为全体初二学生，在历史课堂和政治课堂上，学生对红船精神有了初步的了解，但对红船精神的起源由来、具体内涵还处于一知半解的状态。体验式活动一将采取情感体验式学习形态，带领学生实地步入红船精神历史发源地，以对红船精神起源有更直观、更全面的掌握。

活动主题：走进历史——红船精神起源体验活动

表5 学习过程

学习环节	学习地点	学习内容	学习任务	学习行为	学习组织与指导	学习评价
前期准备（1课时）	各班教室	1. 观看"致敬1921——庆祝中国共产党成立95周年"视频。 2. 教师引导学生发表对建党历史知识的分享、对红船精神的理解。 3. 按照学生感兴趣的某一方面或某几方面的红船精神进行初步分组，以便实地体验式学习活动更好开展，以及学生体验活动更加高效有针对性；每组约5~7人，推举一名组长负责出行相关事宜。 4. 确定好学生分组与体验主题，教师阐述本次体验式学习后续工作与要求：各组参观学习后，需要完成一次关于参观内容的小组展示，展示内容包括但不限于参观内容、对红船精神起源的理解和内涵的把握、组员心得感想等，展示形式包括但不仅限于PPT展示演讲等；每组展示时间应把控在5~10分钟之间；各位同学最后提交一份400字以上的感想。 5. 教师告知活动时间、地点、注意事项等	随堂任务：观看视频，发表对建党历史知识的分享、对红船精神的理解，分组确定主题，明确体验式学习任务	组织学习	讲解、告知	表现性评价
场馆学习（6课时）	南湖革命纪念馆、英雄园	1. 13时学生在校门口集合完毕，乘坐1小时大巴，约于14时抵达嘉兴南湖革命纪念馆；老师统一安排进场。 2. 邀请展馆相关工作人员为学生介绍南湖革命纪念馆的大致分区与内容，以及红船精神的起源由来，约耗时半个课时。 3. 让学生以小组为单位自由在南湖革命纪念馆中参观学习，收集素材，学习和探访红船精神的起源与内涵，约耗时一个课时。 4. 集中学生，步行至英雄园入口，由相关导引人员指导带领学生参观学习，约耗时1.5个课时，学生在参观学习中收集素材、学习和探访红船精神。 5. 预计17时学生集合完毕，乘坐大巴返回学校	随堂任务：参观学习	组织学习合作学习	讲解、告知、引导联系思考	表现性评价

续表

学习环节	学习地点	学习内容	学习任务	学习行为	学习组织与指导	学习评价
评价总结（1课时）	各班教室	1. 各小组进行对本次体验式学习活动的内容和感受的总结汇报。 2. 全体同学自由讨论交流对红船精神起源的理解和感想；并对本次体验式活动进行评价，如学习效果较传统课堂学习方式如何，有何可以继续保持的优秀之处，有何需要后续改进的不足之处等。 3. 进行教师评价和组间互评。 4. 学生课后完成本次对红船精神起源探究的体验式学习活动的感想400字	随堂任务：汇报总结 课后任务：撰写感想	组织学习合作学习展示学习帮助学习	提示、告知、启发、引导联系思考	表现性评价

表6 具体学习评价

考核方面	外出表现	组间互评	教师评价	总结感想
比重	10%	20%	40%	30%

（1）外出表现，包括乘车文明、场馆参观学习文明两方面，主要考核学生在外出体验式学习中是否注意保重自己的人身安全，是否保持文明的习惯。由各组负责人进行打分。

（2）组间互评，由全体同学在评价总结课上，根据其他组别的总结汇报评分，评价标准主要为内容翔实、结构合理、感想真挚三方面；每组给除自己组外的小组均打分，每次打分取全组同学打分的平均分。

（3）教师评价，针对小组汇报展示进行评分，评价标准同学生组间互评评分标准。

（4）总结作文分数，由语文老师批改学生感想给出，重点关注学生是否认真参与体验活动，并在其中有所收获。

附：表 7 外出表现评价表（组）

组员姓名	安全意识强，无明显危险行为 20	乘车时行为文明规范 30	场馆参观学习中行为文明规范 30	主动认真参与本次外出学习 20	总分 100

附：表 8 小组评价表（组）

组别	汇报内容翔实 40	汇报结构合理 30	感想真挚 30	评语	总分 100

体验式活动二：发展中的红船精神

活动背景：经过活动一的学习，学生们已经对于红船精神的历史起源有了基本的掌握。经过在历史课堂上和政治课堂上对于相关历史的学习，学生们已经对于顺着历史发展的河流，进一步体验红船精神的发展历程做好了准备。

活动主题：我来编剧我来演——体验发展中的红船精神

表9　学习过程

学习环节	学习地点	学习内容	学习任务	学习行为	学习组织与指导	学习评价
导入（1课时）	各班教室	1. 故事引入：欣赏毛泽东诗词《七律·长征》。教师主持和引导小组讨论：结合该课程之前学过的知识，以及其他课程（语文、政治、历史），在长征过程中是否能够体现红船精神？如果能，具体表现在哪些方面？长征精神和红船精神的关系是什么？各组对于讨论结果进行发言。教师总结发言。 2. 头脑风暴：观看中共建党以来的成就纪录片片段。头脑风暴：中国共产党在近百年的发展历程中，是如何身体力行地践行红船精神的？（如武昌起义、秋收起义、井冈山革命根据地的建立、长征、改革开放等等） 3. 教师总结：红船精神是伴随着中国共产党的成立而产生的红色精神，而在党领导中华民族向着实现伟大复兴的路上前进的时候，也一直在身体力行地践行红船精神。红船精神是一种兼具历史性与时代性的精神，它刻在中国共产党人的骨子里，更体现在党的发展历程当中。接下来的两个月里，我们分组选择一个历史事件，用话剧的形式来展现并体验发展中的红船精神	随堂任务：理解红船精神的关联及践行，观看纪录片，布置话剧任务	组织学习帮助学习	讲解、告知、提示	表现性评价
选题（1课时）	各班教室	1. 学生按照个人意愿分组，每组5~7人，按照班级人数进行适当调整。 2. 每个班分配一名艺术老师，与该班语文老师负责该班话剧的编制和排练进行指导和监督。 3. 每组通过查阅资料，进行小组讨论，决定本组展现的历史事件	随堂任务：分组，讨论	组织学习帮助学习合作学习	讲解、提示、启发	表现性评价
话剧写作（2课时）	各班教室及课后	1. 带着选定的主题，语文老师教授"话剧创作"课，介绍话剧这门文学体裁，并对话剧写作的规范和技巧做出阐释。 2. 学生小组合作创作剧本初稿。 3. 教师对于学生的初稿进行批改，应当重点关注学生是否能够在剧本中突出红船精神在该历史事件中的表现，以及是否能够融入自己的理解。 4. 学生接受教师反馈，形成定稿	随堂任务：创作剧本初稿 课后任务：修改剧本形成定稿	组织学习帮助学习合作学习	讲解、提示、启发、引导联系思考	表现性评价

续表

学习环节	学习地点	学习内容	学习任务	学习行为	学习组织与指导	学习评价
话剧排练（3课时）	舞蹈教室	1. 学生进行自由排练，用时两课时。 2. 第三课时，艺术教师审核排练成果，并进行指导。学生参考教师反馈，进行再进一步的修正（若有服装道具需要可向学校表演社团库房借用）	课后任务：排练 随堂任务：教师反馈学生修正	组织学习帮助学习合作学习	提示、启发、引导联系思考	表现性评价
成果展示（2课时）	舞蹈教室	1. 各组在教室进行最终的话剧表演。 2. 进行教师评价和组间互评	随堂任务：话剧表演	组织学习合作学习	提示、启发、引导联系思考	表现性评价
后期总结（1课时）	各班教室	1. 进行组内互评。 2. 在教师的引导下，自由阐发对于红船精神的发展的新理解。 3. 学生课后完成"红船精神在发展"主题作文800字（将各组创作的话剧作品编辑成册。将各组话剧表演视频整理保存）	随堂任务：阐发对红船精神的发展的新理解 课后任务：课后完成"红船精神在发展"主题作文800字	组织学习合作学习自主学习	讲解、提示、启发、引导联系思考	表现性评价

具体学习评价

（1）学生在该活动的分数由组内互评、教师评价、总结作文三方面构成，分别占据40%、50%、10%。

（2）组内互评由小组成员在总结课上，根据贡献程度进行互相打分。成绩取所有分数的平均分。

（3）教师评价分为剧本创作评价和话剧表演评价，各占25%。前者由语文老师打分，后者由艺术老师给出。教师评价针对小组，小组成员该项得分相同。除了分数之外，教师需做出书面和口头评价。

（4）总结作文分数由语文老师批改课后800字作文给出，重点关注学生是否通过体验活动有所收获。

附：表10　组内互评表（××组）

组员姓名	参与积极性 30	积极发表意见 20	按时完成任务 20	倾听并尊重他人 15	向他人提供帮助 15	总分

附：表11　剧本创作评价表

题目	立意 30	情节 20	人物塑造 20	台词 10	结构 10	总分
评语						

附：表12　话剧表演评价表

题目	内容 20	语言表演 30	节目编排 30	现场效果 20	总分	
评语						

体验式活动三：新时代的红船精神

活动背景：在了解了红船精神的起源和发展历史后，学生已经对红船精神有了较为深入的了解，需要深刻认识红船精神的时代意义，初步把握"红船精神"的时代意义与价值，不忘初心，牢记使命，对新时代下的红船精神有自己的感悟和体会。

活动主题：红船初心，少年逐梦——体验新时代的红船精神

表 13 学习过程

学习环节	学习地点	学习内容	学习任务	学习行为	学习组织与指导	学习评价
导入（1课时）	大教室	1. 播放视频：播放习近平总书记对红船精神的介绍和相关讲话的视频。 2. 引入部分：播放红船博物馆的 VR 体验视频，可用电子讲解员进行简单的介绍。结合学生在之前的活动中学到的知识，对红船精神的起源和发展进行简单的回顾。 3. 小组讨论：教师主持和引导小组讨论。提出问题：红船精神从起源、发展到新时代，分别有哪些表现和可代表的事迹？有没有历史和现代的可以作为红船精神生动例子的人物及其事迹。小组讨论。各组对于讨论结果进行发言。教师总结发言。 4. 教师总结：教师对学生的结论进行总结与概括，并提出红船精神随着时代的发展不断赋予新的内涵和发展，接下来学生需要去探究新时代下的红船精神的代表人物及其事迹，并探究人物中能表现红船精神的精神特质和品质	随堂任务：回顾总结红船精神 课后任务：探寻新时代的人物与事迹	组织学习帮助学习	讲解、告知、提示、引导联系思考	表现性评价
选题（1课时）	各班教室	1. 学生按照个人意愿分组，每组 6~10 人，按照班级人数进行适当调整。 2. 每组通过查阅资料，进行小组讨论，决定本组要展示的当代人物	随堂任务：查阅资料，进行小组讨论，决定本组要展示的当代人物	组织学习合作学习	讲解、提示	表现性评价
展示准备（2课时）	各班教室及课后	1. 带着选定的人物，教师提供一定的建议，帮助学生从人物简介、事迹、体现的精神、展现和红船精神的联系等方面对人物进行了解。 2. 学生分工合作搜寻、整理相关资料。 3. 教师对于学生初期准备成果进行点评，应重视该人物及事迹是否符合红船精神在新时代下的要求和表现。 4. 学生接受教师反馈，并进一步完善	随堂任务：了解所选人物，进行完善	帮助学习合作学习	讲解、提示、告知	表现性评价

续表

学习环节	学习地点	学习内容	学习任务	学习行为	学习组织与指导	学习评价
展示排练（2课时）	各班教室及课后	学生进行自由排练	课后任务：自由排练	自主学习	启发	表现性评价
成果展示（2课时）	大教室	1. 各组对新时代下的红船精神代表人物及其事迹和精神进行展示。 2. 进行教师评价和组间互评	随堂任务：自由排练	组织学习展示学习	提示、告知、启发	表现性评价
后期总结（1课时）	各班教室	1. 进行组内互评。 2. 在教师的引导下，学生表达自己作为当代的青少年，应该如何继承和发扬红船精神	随堂任务：学生表达自己作为当代的青少年，应该如何继承和发扬红船精神	组织学习展示学习	提示、告知、讲解、启发、引导联系思考	表现性评价

具体学习评价

（1）学生在该活动的分数由组内互评、组间互评、教师评价三方面构成，分别占据 20%、20%、60%。

（2）组内互评由小组成员在总结课上，根据组员在小组准备过程中贡献程度进行互相打分。成绩取所有分数的平均分。

（3）教师评价分为展示主题内容和展示形式的评价。教师评价针对小组，小组成员该项得分相同。除了分数之外，教师需做出书面和口头评价。

附：表 14 组内互评表（××组）

组员姓名	参与积极性 30	积极发表意见 20	按时完成任务 20	倾听并尊重他人 15	向他人提供帮助 15	总分

附：**表 15 教师评价表（××组）**

题目	主题鲜明，内容全面 20	人物事迹选择合理 20	对红船精神的理解到位 20	展示逻辑清晰，结构紧密 20	展示形式多样，有新意 20	总分
评语						

四、探究性学习设计

设计概述： 探究性学习设计指的是在学生学习知识过程中，通过激发个体内驱力，以问题为导向，引导学生自主探索，以研究的手段和方法，充分利用各方面渠道，搜集整理有用信息，寻找解答策略，获取知识。具体来说就是坚持以学生为主体，在教师的引导下，通过选择和确定某个问题进行类似科学研究，积极主动地发现问题、搜集整理资料、制定解决问题的策略和方法，并最终解决问题，建构知识体系，形成能力，养成创新精神的学习过程。

探究性学习设计需要教师重点合理设计问题形成切入点，创设适宜的认识环境，激发学生的发散性思维，不忽视基础知识的掌握，强调主动建构和学生主体。探究性学习设计应有以下几个基本要素，即选择、提出或引入问题，开始探索，寻找资料，形成解释，交流探讨，进行评估。探究性学习设计可分为全部探究和局部探究，以基于问题的探究性学习设计为主要模式。比如，有教师在进行"红船精神"主题学习时，设计了"悟精神·勇担当"的学习模块，并进行了基于问题的探究性学习，教师设计了3个讨论主题：红船精神集中体现了中国共产党的建党精神。结合研学经历谈谈首创精神、奋斗精神、奉献精神对于中国共产党建立的作用和意义；红船精神是中国革命精神之源。以红船精神为逻辑起点，形成了一系列革命精神，谈谈在中国革命精神谱系的发展演变中"变"与"不变"分别是什么；走好新时代的长征路要继承红船精神，还要不断赋予其新的时代内涵，请结合自己的人生规划丰富和扩写新时代红船精神的内涵。

课题名称：《红船精神探究性学习》

课型：探究性学习设计

设计思想

以探究性学习方式进行红船精神的教学设计，涵盖课前导学、课堂教学、课后任务和成果呈现等几方面。其中，课堂分为两节，第一节课围绕引入案例和导学案进行讨论、教学，并布置课后小组探究任务；第二节课以活动形式进行展开，为学生提供一个展示小组探究结果的平台。

学习目标

通过探究性学习感悟红船精神。

学习重难点

红船精神的内涵认识

了解中国共产党，关心国家事务，激发爱党爱国热情，增强使命感。

学习事件

讲授、演示、讨论、研究、作业

学习资源与材料

影像资料或图文并茂的四个案例。

表 16　聚焦任务的学习过程

学习环节	学习内容	学习任务	学习行为	学习组织与指导	学习评价
课前：导学案	导学案：1. 什么是红船？2. 红船上发生了什么？3. 什么是红船精神？红船精神的内容是什么？4. 除了红船精神，你还知道什么红色精神？	预学任务：导学案在课前（前一天）分发给学生，以填空题为主要形式，让学生自己能够在课前自行进行资料查找、反思红船精神内涵	自主学习	告知	表现性评价
课中1：案例引入及讲解	1. 案例引入：以影像资料或图文并茂的形式分享四个案例（李大钊等在北京成立共产党早期组织；毛泽东成为马克思主义者；中共二大宣言；中央党校以"红船"为中心的党性教育基地的落成）作为课堂引入。2. 教师设问：看过四个案例后，大家有什么想法或者观点？发现了什么共同之处？这些案例和我们今天要讲的红船精神有什么联系？3. 教师讲解：教师结合导学案的内容进行讲解，学生就完成导学案过程中的困惑提出问题。如果学生未能提出问题，则教师可以就学生完成导学案的过程进行询问，明确重难点，引导学生提问。最后布置小组探究性学习任务	随堂任务：学生就四则材料进行讨论，尝试归纳红船精神四方面的内涵。在这一过程中，学生形成对红船精神具体内涵的认识。学生就完成导学案过程中的困惑提出问题。讨论准备小组探究性学习任务	组织学习合作学习	启发、提示、告知、讲解	表现性评价

续表

学习环节	学习内容	学习任务	学习行为	学习组织与指导	学习评价
课中2：小组探究性学习	组织分组研究性学习结果呈现：走进红船；红船小卫士；齐为党来把歌唱	随堂任务、项目学习任务： 任务一：走进红船 以演讲的形式展现童眼看党情；以讲故事的方式呈现建党日的由来；以手抄报的形式展现中国共产党的发展历程（要求）；以情景剧的形式展现身边的"守船人"。 任务二：红船小卫士 每个同学在小卡片上写下自己的话，回答作为少先队员，应该如何做一个"守船卫士?" 活动三：齐为党来把歌唱 学生"自主投票"选择一首红歌，在课堂上进行学习，最后完成一次成功的合唱	合作学习展示学习	提示、启发、引导联系思考	表现性评价

五、项目式学习设计

设计概述：项目式学习是学生在一段时间对与学科或跨学科有关的驱动性问题进行深入持续的探索，在调动所有知识、能力、品质等创造性地解决问题、形成公开成果中，形成对核心知识和学习历程的深刻理解，能够在新情境中进行迁移。项目式学习是对复杂真实问题的探究，是精心设计项目作品、规划和实施项目任务的过程，同时也是学生掌握知识和技能的过程。[8]

项目式学习具有以真实问题驱动学习、强调自主合作、关注学习成果、关注学习评估等特征。项目式学习涉及六个维度，核心知识、驱动性问题、高阶认知、学习实践、公开成果、全程评价。项目式学习包括学科项目式学习设计和跨学科项目式学习设计。具体来说，就是在设计中，首先要指向学科核心素养，寻找基于学科关键概念或能力的核心知识网络，其次是设计驱动性问题，由学科本质问题在特定情境中转化而成的对学生的挑战，激发学生主动投入和思考，再次，设计认知策略，高阶带动低阶，设计学习实践，多样而有意义的思考与行动，最后，设计凝结学科核心知识和探究历程的公开成果，并设计评价要点，深化全程评价，评估学科实践。

课题名称：《快乐划红船，趣味做宣传——红船精神趣味性宣传方式探索》

课型：项目式学习设计

设计思想

"快乐划红船，趣味做宣传"为一项结合红船精神思政教育与宣传方式探究的项目教学。基于学生对于此类思政类课程感到枯燥乏味而兴趣缺失的现状，让学生在了解相关精神内涵的基础上，结合自身专业特长，探寻出趣味性的宣传方式，并完成如公众号、网络教学小游戏等红船精神宣传作品。

学习目标

完成如公众号、网络教学小游戏等红船精神宣传作品。

学习重难点

完成红船精神宣传作品。

学习事件

讲授、提问、研究、作业

学习资源与材料

影像资料或图文并茂的四个案例。

聚焦任务的学习过程

明确问题

问题选择：如何以趣味性的方式在高校内宣传红船精神？

原则遵循：

（1）挑战性。这一问题的设计符合学生的最近发展区，能够激发学生的潜力。这一问题与当下青年一代对于红色信仰这一块传播与接收消极与抵触心理紧密相连，如何通过趣味传播方式提高接受度与积极性，对学生而言是具有挑战性的。

（2）真实性。项目的设计与历史沿革、社会实践、技能掌握等紧密结合，是能够切实将项目探究成果转化为作品并发挥其作用的，遵循了真实性原则。

（3）一致性。项目主题与学校要求的课程标准保持一致，即将红船精神渗透进教学环节之中。

（4）开放性。项目的问题选择没有标准答案，也没有唯一的最佳答案，希望学生能够通过实际探究以及结合自身专业特长，探究出有创造性的成果。

设计方案

设计方案是以小组为单位制订一系列的计划和方案，包括采取的实践活动、时间规划和探究的方法。为了达到趣味宣传"红船精神"的目的，学生需要针对具体真实的、可操作性强的一系列子问题，例如，采用何种形式宣传、呈现何种宣传效果、达到何种宣传目的等问题，开展头脑风暴、Workshop 等学习活动，集思广益。同时，在前期准备活动中，借助 CNKI 等文献检索工具收集和整理有关"红船精神"、宣传方式等信息，了解何种宣传方式能够体现专业特色、达到最佳效果；利用问卷星等问卷编辑工具制作问卷，了解何种宣传方式能满足受众需求等。最后，形成自己学习小组的宣传方案。

制订的学习计划要注重小组协作学习，组长应合理分配任务，组员应高效完成任务。此外，要落实项目的学习目标和任务，其中应包含丰富的探究活动和具体可操作的时间计划。"快乐划红船，趣味做宣传"实践项目，预计在一月内完成，各小组需要制作时间表，规划各阶段应该完成的任务，使之有条不紊地进行。小组协作学习是项目式学习的基本学习原则。这个过程不仅有助于学生组织自己的思想，发现自己感兴趣的研究领域，培养学生的批判性思维能力，还可以让学生学会把设计趣味性强的宣传方案这一复杂的问题，分解成诸如了解组员特长、了解受众需求等一系列更小的、可实现的任务，以提高他们解决问题的能力，形成良好的宣传设计方案。

协作探究

协作探究是学生根据设计出来的研究方案，以小组合作的方式去开展的实践探究。[9]主要包括两方面的探究：一是在线的网络探究，学生需要上网寻找有价值的资源和信息，例如，有关红船精神的内涵、历史背景、现实意义等信息，使宣传内容准确且言之有物，搜集大众传播媒介相关信息，选择合适的宣传手段；二是实地的探究，通过图书馆查阅相关文献，参观革命纪念馆、获取第一手资料，也可以咨询了解这段历史的专业人士进行采访调研或问卷调查。此外，还可以参与"三下乡"服务活动、参加公益志愿服务活动等，使学生身体力行感受中国共产党实践的伟大成果，深刻领会共产党人奋斗、奉献、坚定的高尚道德品质，便于宣传方案设计内容深度化。

本次项目时间较长、开放包容性强，探究过程中包括小组成员的合理分工，到嘉兴南湖红船地址实地考察、对于历史相关人员的采访、图书馆查阅资料和社会调研等一系列可选活动。教师要综合考虑学生已有

的经验和能力、学校课时的安排情况、教师自身经验和对项目式学习的
驾驭能力，合理地协调组内任务，并借助信息技术工具，例如，QQ、
微信等即时通信工具，远程引导学生协作完成任务，及时答疑解惑。

创作作品

在这一环节，学生将在实地调研和网上搜集取得大量关于"红船
精神"的文献、素材和数据的基础上，并与小组成员合作，进行小组
讨论，对搜集到的各种资料进行筛选和汇总，根据课程方案的要求设计
创作作品，以解决现实生活中的问题，即如何能用更具趣味性的方式达
到更好的宣传"红船精神"的效果。在制作作品的过程中，每个小组
可以借助各类媒体等工具，充分呈现学习内容和学习成果。在学生参与
到这种复杂的项目中这一过程，学生需要模拟真实世界中的问题解决过
程，基于课程设计方案协作探究，学生的创造力、问题解决能力和技术
运用能力在创作作品的过程中都会得到提高。

学生最终创作出的作品，作为最终的学习成果，是考查学生绩效的
重要内容。作品可以根据参与项目学生的专业知识、掌握技能等有多种
不同的形式，例如，制作"红船精神"微电影、绘制"红船精神"系
列漫画、推出微信公众号系列推文等等，具体形式不受限制，给学生自
由发挥的空间，希望集中体现学生创新意识，思考如何利用合理的方式
来促进"红船"精神在学生之间的理解和传播，更加提升学生以及社
会对"红船精神"的兴趣。

展示作品

学生们完成作品后，展示环节也必不可少，展示范围可以不局限于
班级内，可以扩大到校园内、社区内甚至更大的范围。呈现方式因作品
的多样化也丰富多彩，学生可以通过纸质媒介、多媒体等方式赋予
"红船精神"新的理解方式。通过作品展示，可以综合锻炼学生的表达

能力、组织能力和协调能力。通过公开展示，可以给学生开展项目活动以适当的压力，赋予他们渴望成功和获得社会认同的心理预期，从而产生学习内驱力。最后还可以通过各种途径放大成果展示的激励效应。比如，邀请教师，社区、社会组织或机构中的权威人士一同观看汇报展示，为学生提供专业指导和精神激励；同时优秀作品可以加大推广力度，例如，向媒体、有关教育部门投稿。

评价与修改

对于红船项目的作品评价贯穿整个项目过程之中。在学生收集资料、设计、实践、得出成果的各个环节都要积极观察并反馈，对学生做得好的地方多加鼓励，对学生出现问题的地方及时指出，并帮助学生进行修改。由于学生的专业、特长不同，教师不一定清楚所有学生的趣味宣传方式之设计和实施是优是劣、有何不妥，当学生采用教师不熟悉的领域技能时，教师不能直接放手不管，而应当详细询问学生其中道理，有条件的话也可以询问该专业的教师，尽可能为学生提供有帮助的评价和建议。

评价过程是多元化的。评价对象既可以是小组、个人，也可以是学生整体。对于个人，可以评价其在红船项目学习中承担的任务、获得的提升等；对于小组，可以评价其成果的趣味性、专业性、创新性等；对于学生整体，则可以评价其整体氛围和展现的风貌等。评价主体不仅有教师，也包括学生、家长和社会成员。学生自评和互评是推动进步的有效环节，一方面让学生重新审视自己的宣传设计，另一方面使学生得到来自同学的建议和参考。家长作为老一辈人，对于红船精神这样的红色文化传承会有自己的理解，将作品交给家长评价，能得到来自不同视角的观点。社会成员是检验学生成果的一道门槛，如果最终作品能得到社会成员的认可，则表明作品已经基本成熟。对于红船精神这样现实性强的项目，非常适合社会成员的检验。

对于红船项目中所运用的技能、展现的内容、学习过程与最终结果等诸部分，教师在评价时可以采取多维度、分等级的方式，也可以借助技术工具来帮助评价，如论坛评价、投票工具、在线自评、考试系统等。宣传设计这样的项目活动不能简单地判断对错给分，全面细致多元化的评价是必然导向。对于过程性评价，项目过程中的笔记、观察记录表和口头汇报等都可以作为其依据；而项目结束时进行的总结性评价，需要学生运用不同的形式、不同的工具围绕红船精神趣味宣传分别进行作品展示，最终作品是学生所学知识与掌握技能的综合体现。

参考文献：

[1] 格兰特·维金斯，等. 理解为先模式——单元教学设计指南（一）[M]. 盛群力，等译. 福州：福建教育出版社，2018.

[2] 约翰·D. 布兰思福特，等. 人是如何学习的——大脑、心理、经验及学校编著，[M]. 程可拉，等译. 上海：华东师范大学出版社，2013.

[3] 格兰特·维金斯，等. 追求理解的教学设计（第二版）[M]. 闫寒冰，等译. 福州：华东师范大学出版社，2017.

[4] 陈明清. "红船精神"如何穿越百年与学生对话？——以上海市高中学段"红船精神"主题教育活动为例 [J]. 人民教育，2021（5）.

[5] 加里·D. 鲍里奇. 有效教学方法 [M]. 南京：江苏教育出版社，2002.

[6] 郑金洲. 案例教学指南 [M]. 上海：华东师范大学出版社，1999.

［7］商继宗. 教学方法现代化的研究 ［M］. 上海：华东师范大学出版社，2001.

［8］夏雪梅. 项目化学习设计：学习素养视角下的国际与本土实践［M］. 北京：教育科学出版社，2018.

［9］乔治·M. 雅各布斯. 合作学习：实用技能、基本原则及常见问题 ［M］. 宁波：宁波出版社，2018.

第六章　新时代"红船精神"进课堂之校园文化建设

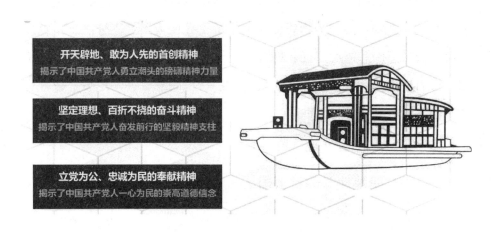

开天辟地、敢为人先的首创精神
揭示了中国共产党人勇立潮头的磅礴精神力量

坚定理想、百折不挠的奋斗精神
揭示了中国共产党人奋发前行的坚毅精神支柱

立党为公、忠诚为民的奉献精神
揭示了中国共产党人一心为民的崇高道德信念

第一节　"红船精神"与校园文化

文化如风……当你顺风而行，便是一帆风顺；如果逆流而动，一切会变得更加艰难。这是加拿大著名教育改革学者迈克尔·富兰等人在《深度学习：参与世界，改变世界》一书中引用的一句名言。这个比喻生动形象地揭示了校园文化的深刻内涵、独特价值与实践意义。

美国文化学者托比·米勒（Toby Miller）等人认为，文化可以从两个角度来理解，一是从美学的角度，文化是一种艺术或人文科学；二是从人种学或人类学的角度，文化就是关注日常的生活方式，即社会运作的正式与非正式的法则都是文化。[1]这种观点代表了文化学的一个基本观点：文化的实质性就是"人化"，有人的地方就有文化，而且文化是复杂的综合体。

顾明远先生总结文化分类时指出，文化包含了多个层面，有二分法、三分法和四分法。[2]二分法指的是物质层面和精神层面，美国学者奥格朋（William F. Ogburn）将文化分为物质文化和非物质文化两大类，经后人完善，演变为物质文化和精神文化两大类；三分法是指物质层面、精神层面和制度层面；四分法是在物质、精神和制度层面上又增加了行为层面，而其核心是精神层面中的价值观念、办学思想、教育理念、群体的心理意识等。

一、"红船精神"的价值因子

怎样才能使得红船精神成为校园文化的底色，首先我们需要知道"红船精神"中的价值因子是什么？红船精神不仅具有强烈的历史意义和现实意义，还具有浓郁的文化意义。精神在文化的土壤内成长，贯穿于文化始终。红船精神是一种红色文化资源，也是中华民族优秀文化的重要组成部分，更是一种正面、积极、健康的时代力量，可以成为重塑当代青少年理想信仰缺失的强大精神武器。所以要大力发掘红船精神的文化价值内涵，充分提取凝聚与红船精神紧密相关的文化符号，为学校文化建设提供文化要素，努力建设青少年健康成长的学园、家园和乐园。"精神"是学校文化建设中最具灵魂性的核心组成部分。

此外，"红船精神"是一个开放发展的理论架构和表述体系，其所包含的首创精神、奋斗精神、奉献精神，在不同的历史发展阶段和时代会不断注入新的文化意蕴，但是，红色基因历久弥新、代代相传。在当代的文化价值引领方面，红船精神发挥着不可替代的重要育人作用。

首创精神。中国共产党诞生于嘉兴南湖红船之上，所以从某种程度上说，红船精神是中国革命精神之源、红色文化之源。在如今，这种勇于创新的精神也是一个现代人必须具备的素质，只有不断创新，人类社会才能不断地进步。

奋斗精神。中国共产党在南湖红船诞生之后，经历了长期艰苦卓绝的奋斗，团结带领我们不断从胜利走向新的更大的胜利。"幸福是奋斗出来的！"我们无论做什么事情都要有踏实肯干的态度，在学习中奋斗，在奋斗中学习，朝着既定的目标坚持不懈、努力奋斗，才能获得成功。

奉献精神。中国共产党自诞生之日，就是以为人民谋幸福、为民族谋复兴为根本宗旨，全心全意为人民服务。依水行舟，无私奉献，成为贯穿中国革命和建设全过程的一条红线，也是红船精神之本质所在。我为人人，人人为我。具有奉献精神，不仅可以助人为乐、让他人得到帮助，也可以让自己的价值在奉献中得以提高。

红船精神的深刻内涵、历史与时代价值，以及其独特的继承性和民族性，使得红船精神和学校文化建设能够有机结合、浑然一体，学校文化建设为红船精神的创新性发展与创造性转化提供了广阔的空间和可行性。红船精神校园文化建设定位：

1. 符合红船精神文化——创新、奋斗、奉献；

2. 美育与德育并重——外在之美助内在之德；

3. 红色文化教育环境——基于红色文化主题建设学校教育功能环境；

4. 交互式、参与式教育理念——师生主动参与的校园文化氛围。

图1 红船基因识别图

红船精神是学校文化的灵魂。内在的是精神文化，同时也是校园文化中的灵魂体现，是校园文化的骨骼；外在的是设计风格、设计语言，是我们赋予校园文化的性格与表象，就如同身披的衣服，那么校园文化设计就像是给学校穿上一套展现真实自我的外衣。

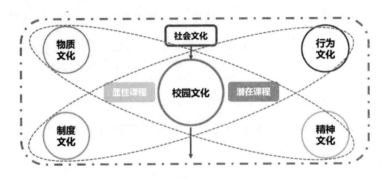

图2 以红船精神引领校园物质文化、制度文化、行为文化及精神文化

二、"红船精神"与校园文化融合的可行性

少年强则国强。青少年是祖国的未来、国家发展的希望。习近平总书记曾经指出："青年是引风气之先的社会力量。一个民族的文明素养很大程度上体现在青年一代的道德水准和精神风貌上。"[3]青少年阶段是价值观、人生观和世界观形成的重要阶段，所以青少年的思想道德教

育是至关重要的。而校园文化作为一种群体文化，具有极强的渗透性，以共有的文化氛围、人文精神气质熏陶着每一位在校每一位师生员工，影响其价值判断、行为方式和思想观念。校园文化的建设目标与德育目标是非常契合的、一致的，都是为了引导学生健康成长、更好地发展。将红船精神融入校园文化中，可以对校园文化主体人的行为、性格、情操、思想等方面有着潜移默化的影响，并可以慢慢形成一所学校独特的"文化场域"。

对当代青少年来说，红船精神所蕴含的首创精神、奋斗精神、奉献精神都是必不可少的宝贵精神食粮。红船精神极大地张扬了人的个性、创造力以及自我奉献的意识，在当代校园文化建设的物质文化、制度文化、精神文化诸层面，都有极其重要的积极意义。在学校里，也完全可以把红船精神所提倡的创新、奋斗、奉献等价值取向，提炼、活化为文化符号并渗透到校园文化中，作为一种积极向上的价值引导，提升学生的价值与精神世界。

校园文化是一所学校的精神内涵，它体现的不仅仅是一所学校长期形成的独特办学理念和价值观念，更展现了学校的文化底蕴和精神面貌。所以加强校园文化建设是学校提升办学品位、提高育人质量、促进教育发展的重要举措。

校园文化是一种隐性课程，相较于常见的显性课程，隐性课程则是以内隐的、间接的方式，自觉与不自觉呈现的课程，它以润物细无声的方式对学校师生产生潜移默化的教育影响。用"红船精神"领航与培育校园文化，从某种程度上也是加强学校的隐性课程建设，让其发挥积极的育人作用。隐性课程和显性课程互动互补，相互作用，可以使某些课程由显性不断向隐性深层发展，促进学校课程的内容不断丰富、深化。从对学习者的影响程度来讲，隐性课程对学生身心发展的影响可能意义更大、影响的时间更为久远。作为一种隐性课程存在的校园文化，在对学校成员的思想品德教育和良好行为习惯的养成教育中，更具情境性、渗透性和持久性。

校园文化在学校教育中具有隐性育德功能，人文精神通过校园文化建设可以渗透到学校管理的各个层面。红船精神引领青少年健康成长与发展。红船精神既是贯穿于党的全部历史进程的主线，也是贯穿于所有革命精神的红线，集中体现了中国共产党的性质和宗旨，对永葆党的先进性和纯洁性起到核心作用。红船精神形成和发展的历史，是一部生动的马克思主义与中国革命相结合的伟大实践史，是中国共产党发展壮大过程中的宝贵精神财富，是新时代促进青少年健康成长、成才的重要教育资源。红船精神是校园文化建设的目标导向与基本遵循，也是校园文化建设的内在驱动力，润物细无声地滋养青少年的健康成长与最优化发展。

第二节 "红船精神"如何推进校园文化建设

校园文化是学校管理者、教师、学生共同创造的精神成果的总和，校园文化建设是一项系统工程。我们必须从立德树人、培养社会主义事业建设者与接班人的战略高度出发，顶层设计、系统规划与实施校园文化建设计划，让红船精神更好地融入校园文化建设，传承红色基因，打好青少年健康成长的"精神底子"。

学校学习空间设计及其利用空间的方式会影响教育教学实践、学习活动和学习效果、学生互动以及校园社区意识。对于正式空间（例如，教室）和非正式空间（例如，信息共享区、讨论会议区、学习活动区、校园走廊、校园花园）都是如此。设计良好的学习空间的前提是对必须进行的学习活动所需的互动类型、学科的需求以及所寻求的学习成果的理解，使物理空间有益于学习的内容到学习空间设计的原理和过程。

红船精神作为学校文化建设的核心，统领校园文化建设的物质文化、制度文化、精神文化以及行为文化的方方面面，以青少年学生特有的思想观念、心理素质、价值取向、思维方式等为依据，以具有校园特色的人际关系、生活方式、行为方式以及由青少年学生参与创办的报刊、讲座、社团、沙龙及其他文化活动和各种文化设施为表征的精神环境、文化氛围。

一、物质文化层面

苏联著名教育家苏霍姆林斯基曾说，要使学校的每一面墙壁说话，发挥出人们期望的教育功能。要想更成功地构建校园文化，不仅要使每一面墙壁会说话，还要使每一寸土地、每一株花草树木、一切教学与生活设施都要积极发挥育人作用。

要丰富校园文化建设的载体，除了通过开展形式多样的文体活动促进校园文化的建设，还要构建独特的校园人文景观。首先，可以运用校园墙体、文化走廊、读报橱窗、展板、黑板报等进行宣传，制定系统的有个性的校园宣传标语，制作宣传手册，让"红船精神"在校园内随处可见；第二，加强校园美化工作，让一草一木、一楼一石、一墙一砖都成为红船文化的载体，比如，设置内容丰富多彩的"红船知识墙"，寓教于景，不仅能够优化环境，还能陶冶情感；第三，加强学校校史室、阅览室建设，宣传红船精神发展的历程及精神内核，让同学们对其有更充分的了解。

物质文化是校园文化的有形载体，从某种程度上来说，这也可以被称为"看得见的文化"。精心设置的人文景观往往能发挥出自然景观不可替代的作用，可以将红船精神融入学校的人文景观中，让学校里的每一寸土地，每一面墙壁都发挥出教育作用。

同时，学校在构建以"红船精神"为内涵的物质文化时，也要重视校园内部规划的统一安排，不能随个人意志而随意规划，要结合学校自身发展的规律，融入自身风格特点，使得学校原有的文化积淀与红船精神相协调，同时还要注重色彩和谐统一，结构对称、均衡协调。这样才能使得校园文化景观更加自然，更具感染力，更能潜移默化地对师生产生影响。

校园公共空间作为校园空间不可或缺的部分，各类空间功能不仅要满足使用人群的需要，还需承担一定的教育功能、宣传功能。[1]公共空间中，地域特色的体现与设计元素密切相关，可以通过提取红船精神所具有的独特文化符号，以空间造型与空间设施为载体呈现。例如，收集"红船精神"相关文化，对相关具象性造型进行抽象化提炼，如"红船"造型、"文字"造型，将这些造型进行简洁化与抽象化，将具象造型意象化；对相关寓意性事物进行完整整理，如党徽、红旗、和平鸽、华表、相关红船精神油画作品、相关红色歌曲、电影等；对相关象征性色彩进行提取，如红船精神中的"红"，代表着奋斗和希望，代表着坚定理想、百折不挠的奋斗精神，代表着乐观、积极、向上的精神面貌。提取橙色，代表着希望、创新，代表着共产党人开天辟地、敢为人先的首创精神。提取黄色，象征着自信、淳朴、亲和，象征着伟大革命先驱艰苦朴素的态度，代表共产党人立党为公、忠诚为民的奉献精神。提取凝练与"红船精神"相关的文化符号，为公共空间营造提供设计元素。[2]

科技的发展为公共空间的互动性营造带来了更多的可能，互动装置的出现使得公共空间的活力性与趣味性大大提升。[3]互动装置是多学科结合的一种装置，可以根据人群、根据动作、根据声音等产生自身变化，同时可以结合空间的特色需要进行特定设计，这种变化性的特点为空间的趣味性、宣传性提供了丰富多彩的形式，一方面它的变化性特点吸引人群与公共空间进行互动，另一方面人通过使用互动装置获得行为体验。在公共空间宣传功能区块中，采用科技手段，结合红船精神相关设计元素，设置一些互动装置，吸引师生到空间中活动，提高空间活力，同时也使师生在使用互动装置的同时，潜移默化地向师生们传递革命先烈的高尚理想、革命信念和爱国情怀。如在公共空间中设置一款红船精神知识的体感游戏装置，同学们在不同的体感游戏体验中，获得丰富的红色文化知识，如设置一款"红色地图"地面拼图装置，人们通过行为活动一方面参与了公共空间，一方面传递了红色精神。[4]

二、制度文化层面

没有规矩，不成方圆。制度文化作为一种外部约束力对学校成员施加影响。在校园里创设制度文化的意义不仅仅在于规范与约束人的行为，更重要的是师生认可并遵循学校行为准则和管理体系，由此形成正确的观念意识和行为规范。

合理的制度可以让学校每一个成员的智慧和力量得到充分发挥。所以要让红船精神得到更好的发扬，就必须有一套与之相关的规章制度，使得学校所有成员有章可循，有据可依。

第一，推进"红船精神"学习教育制度化、常态化，每个班定期开班会学习和讨论红船精神；第二，可以设立相应的奖励机制，"红船精神"的三个核心——首创精神、奋斗精神、奉献精神是广大青少年健康成长的精神食粮，要鼓励学生们学会积极创新，学会努力奋斗，学会无私奉献。班级量化考评管理制度中也可以设置一些突出表现的加分项目，倡导学生积极参与社会实践活动，表彰创新成果，宣传好人好事等。

细微之处往往能展现精神，细致的常规管理可以让学生在点滴中养成良好的生活学习习惯。制定相关的制度，不仅可以更好地为红船精神的发扬提供制度保障，也能调动全体师生员工积极向上、力争上游，不断地推动学校的发展与进步。

在制度的引导下，学校也会形成一种"自然秩序"，学校成员们在长期的历练和规范中形成一种自然而然的状态，一举手一投足，都是优秀品质的外化。

三、精神文化层面

精神文化是校园文化最核心的部分，又被称为"学校精神"，它主要包括校园历史传统和被全体师生员工认同的共同文化观念、价值观念、生活观念等意识形态，是一个学校本质、个性、精神面貌的集中反映。校园精神文化是在每个学校的特定历史条件中，在长期的教学、学习、生活等实践中逐步形成和发展起来的，为学校主体人所认同的一种群体意识。

学校精神文化是师生在长期的教育实践中所形成的共同愿景、理想信念、道德观念、价值取向等的综合，是以精神理念形式来反映学校特质的文化。文化的核心终究是价值观问题，课程文化也总是承载、体现、影响、创生着一定的价值。因此，学校精神文化应当是以思想观念、意识形态、价值取向等形式融入学校课程文化的血脉之中，在学校课程与教学的各方面得以展现。课程文化的本质是意义建构，一所学校的课程文化的存在就意味着该校集体分享了共同的意义系统，因此，探究其背后的意义系统才是关键。[5]

"红船精神"中最深刻的就是其首创精神、奋斗精神和奉献精神。青少年处于人生观、价值观与世界观形成的关键时期，对事物的判断还属于一个不确定不明晰的阶段。红船精神是广大青少年健康成长的红色基因、"精神钙"，是人生的第一粒"扣子"，领航青少年理想信念教育，打好鲜亮的教育底色。学校教育在培养人的过程中不能无视民族文化在学生身心发展中的作用，这是由于民族文化的存在方式是"活"的，它融于人们生产生活实践当中，学生经过长期的耳濡目染之后将其化为一种价值意识和思维心理，影响着他们的知情意行，而这种影响是长期深入的，在人们进入学校之前和离开学校之后也会对一个人身心发展产生重要的影响力量。[6]新时代学校教育，大力弘扬传承红船精神，单向度的、强制灌输是没有效果的，必须以文化人，润物无声，才能内化于心、外化于行。

校园精神文化具体体现在校风、教风、学风、班风和学校人际关系上，展示于校园生活的方方面面，包括全体师生员工在日常生活中的言谈举止及行为规范等。校风作为构成教育环境的独特的因素，体现着一个学校的精神风貌。校风是校园精神文化建设的核心与关键。校风主要表现在校训、校歌、校徽和校旗上。好的校风具有深刻"强制性"的感染力，使不符合环境气氛要求的心理和行为时刻感受到一种无形的压力，使每一位校园人的集体感受日趋巩固和扩展，形成集体成员心理特性最协调的心理相容状态；好的校风具有对学校成员内在动力的激发作用，催人奋进；好的校风对学校成员的心理发展具有保护作用，对不良的心理倾向和行为具有强大的抵御力量，有效地排除各种不良心理和行为的侵蚀和干扰。优良学风像校风、教风一样，对学校教育教学质量的提高，对学生人格品质的发展和完善，对培养学生成为德、智、体、美、劳全面发展的中国特色社会主义事业建设者与接班人，都有重要意义。

首先，把以红船精神为源头的红色文化融入学校办学理念。办学理念是学校发展的灵魂，是学校文化教育底蕴的积淀，是学校成功办学的关键所在。它是一所学校教育独特性与个性化特征的外显化表征。办学理念的功能就是要回答学校教育的全部活动所涉及的三个基本问题：为什么？做什么？怎么做？对这三个问题的回答共同构成了学校的终极目标及其引领学校教育教学实践品质追求。融入红色文化的学校办学理念，传承红色基因，为青少年健康成长打好"精神底色"，彰显学校教育的鲜亮底色。如杭州市萧山区第三高级中学（以下简称萧山三中）提炼出的办学理念是"播扬红色精神，经营成功人生"。萧山三中徐柏兴校长告诉记者，衙前是萧山农民运动的发源地，用红色教育来激励学生，帮他们确立理想信念，是个很好的突破口。如果把整个课程体系比作一棵大树，那么红色课程就是树根，学科课程是树干，而职业技能课程则是枝丫。在徐柏兴校长的眼里，只要为学生打下了健全的精神底色，什么学业素养、个性特长都将水到渠成。[7]重庆市九龙坡区谢家湾小学校创建于1957年，是重庆市首批示范小学。学校以"六年影响一生"为办学理念，组织实施"红梅花儿开，朵朵放光彩"主题学校文化，通过课程改革转变学习方式，探索素质教育发展路径，取得了显著成效。2014年，中央电视台《新闻联播》对谢家湾小学课程改革进行了专题报道，学校教育改革实践被人民日报、新华社、中央电视台、光明日报等主流媒体报道数十次。

第二，用红色文化资源充实第二课堂的课程文化建设，丰富学生的精神家园。可以根据红船精神展开相应的知识问答，举办红船精神主题演讲比赛，红色文化文艺会演。文体活动和主题教育活动的开展，不仅可以大大丰富校园文化生活，还可以挖掘学生个体的潜在能力。

第三，基于红船精神开发学校拓展性课程。开展形式多样的校本化特色体验活动，让广大师生在丰富多彩的活动中接受红船文化的熏陶。比如，结合美术课程，可以有针对性地开展以红船精神为主题的艺术拓展性活动，像泥塑、剪纸、放风筝等等。

红船精神剪纸

第四，立足于红船精神，大力开展志愿服务。围绕志愿服务、助人为乐，打造相应的品牌活动，比如，"红船感恩日"，学校可以积极组织教师和学生组成的志愿者服务队，参与到社会服务中，还可以密切结合一些重大的节日、纪念日组织学生积极参与到社会宣传、环保、慈善等公益活动中。可以开展"给父母写一封信、为父母做一件家务"等活动，从我做起、从身边小事做起；为了发扬同学们的创新精神，可以结合学生和学校实际，设立一些实践类活动，联系师生日常生活实际现象，以改进和设计创新为主要内容，鼓励学生选择调查研究问题、任务或项目，制订相应的研究计划，在教师的指导下努力尝试写一份调查研究报告；为了发扬同学们的奋斗精神，可以组织学生去参加学农、学工劳动是一种非常有效的途径，学生们通过完成有一定难度的劳动任务，使他们在劳动中感受收获、体验成功的喜悦。

优秀的校园精神文化可以有效地调节和激发全体师生的群体意识，保持学校的长期稳定和良性发展，同时良好的精神文化还可以成为一个学校可持续发展的重要支撑。精神文化的约束作用虽然是无形的，但是在一定程度上精神文化的作用甚至超过制度对人的影响。红船精神引领学校文化建设，师生在共同的积极向上的价值追求、理想信念引导下，学校将会变得越来越好，红船精神滋养年青一代茁壮成长。

参考文献：

［1］彭会会.基于互动式理念的校园文化景观设计研究［D］.沈阳建筑大学，2011.

［2］许熠莹，朱宁嘉.南湖革命纪念馆精神内涵的物化设计研究［J］.设计，2020：100-102.

［3］薛育佳.大学校园景观设计中装置艺术的应用研究［D］.北京建筑大学，2015.

［4］张娜，杨京武."红船精神"在校园公共空间中的互动性设计研究——以嘉兴南洋职业技术学院为例［J］.大众文艺，2021（11）：40-41.

［5］何洁.当前美国小学课程文化研究［D］.天津师范大学，2013.

［6］田夏彪.立德树人：学校何以要传承民族文化？［J］大理大学学报，2021（5）：78-83.

［7］【校园】萧山三中："红课"为学生打下精神亮色［EB/OL］.搜狐网，2016-04-06.

附录 1　红色文化教育综述

随着互联网+时代的到来，世界每时每刻都在发生着巨大变化，这是一个信息爆炸的时代，也是一个崇尚个性化的时代。一方面，中小学生在其心智尚未成熟之时，就面临着外界环境的许多挑战。另一方面，当今的年青一代，崇尚自由与个性，集体主义意识淡薄，甚至存在严重的个人主义倾向。近年来，我国希望通过红色文化教育来改善这一社会现状，培养具有社会主义核心价值观的"四有"新人。《中共中央国务院关于深化教育改革全面推进素质教育的决定》中指出："要有针对性地开展爱国主义、集体主义和社会主义教育，优秀文化和革命传统教育，理想信念与价值观教育等。"[1] 随着中共中央不断强调青少年红色文化、革命精神的教育问题，革命老区有关中小学校陆续开展了红色文化教育的实践研究，部分学者也开始关注到中小学生红色文化教育，研究成果越来越多。本文旨在对学者们的研究观点进行梳理与陈述，了解我国中小学生红色文化教育研究的现状。

一、红色文化的内涵、形态与特点研究

（一）红色文化的内涵研究

目前，对于"红色文化"的内涵有许多学者提出了自己的观点，但学术界还没有形成一个统一的定义。李平（2010）在《弘扬红色文化 抵制"三俗"之风》一文中指出，"红色文化"是由中国共产党人、先进知识分子和人民群众共同创造并极具中国特色的先进文化，是中国特色社会主义先进文化的重要组成部分。[2]赖宏、刘浩林（2006）则在《论红色文化建设》一文中，指出红色文化应有广义和狭义的理解，广义的红色文化是指"世界社会主义运动历史进程中人们的物质和精神力量所达到的程度、方式和成果"。狭义红色文化是指"中国共产党在领导中国人民实现民族的解放与自由，以及建设社会主义现代中国的历史实践过程中凝结而成的观念意识形式"。[3]但在当前的大多数研究中，学者都倾向于把红色文化理解为一种跟中国革命、中国共产党及其建立的红色政权密切联系的、具有中国特色的先进文化。

（二）红色文化的形态研究

对于红色文化的形态研究中，主要将红色文化分为物质形态与非物质形态。罗春洪（2006）在《红色文化与党的政治文化生成》中，将红色文化分成实物形态和观念形态，并强调观念形态是红色文化的主体，是红色文化资源的精髓。[4]李实在《准确认识"红色资源"的丰富内涵》中，将红色文化分为外在表现与物质载体两个层面，外在表现即蕴含的各种精神，物质载体即集中反映这些精神的文化艺术作品、纪念地、纪念物等。[5]李平（2010）在《弘扬红色文化 抵制"三俗"之风》中也指出，红色文化主要包括中国新民主主义革命的遗址遗物、

纪念物等物质文化和在这一革命过程中孕育出来的革命历史、革命精神、革命文学艺术，包括人民领袖、将军、烈士及老区广大人民群众的革命事迹等非物质文化两种形态。[6]也有学者指出红色文化应该包括更多层面，汤红兵（2006）在《湘鄂西红色文化的形成及开发——以洪湖、监利红色文化资源为主体透视》中就提出，红色文化应包括物态文化、制度文化、思想文化和精神文化。[7]

（三）红色文化的特点研究

对于红色文化的特点，学界也提出了许多不同的观点。李实将红色文化的本质特征归纳为意识形态性、价值包容性、历史继承性。[8]王以第则认为是"民族性、科学性、大众性、时代性、先进性和创新性"[9]。马强则提出，中国红色文化具有"革命性与多样性、独特性与稀缺性、群众性与文化性"的特点[10]。总体上说，目前对红色文化特点的归纳较多，但因红色文化的内涵尚未确定，特点也难以达成共识。

二、中小学生红色文化教育的必要性与价值研究

大多数学者从社会主义核心价值观的培育与对中小学教育的现实意义出发，阐释了中小学生红色文化教育的必要性与价值。

（一）中小学生红色文化教育对培育社会主义核心价值观的必要性与价值

弘扬红色文化，有利于培育学生坚定不移地走中国特色社会主义道路的理想信念，有利于培育爱国主义与集体意识，更好地贯彻社会主义核心价值观教育，以正确的价值观面对这个多样化的世界。何其鑫（2013）等学者在《红色文化资源在培育社会主义核心价值观中的应用》一文中指出，红色文化在培育社会主义核心价值观的价值体现在

三方面：一是红色文化精神是社会主义核心价值观的重要组成部分；二是红色文化资源是积极培育社会主义核心价值观的源泉和天然载体；三是红色文化是培育社会主义核心价值观的重要动力。[11]

（二）中小学生红色文化教育对中小学教育的现实意义

中小学生处于身心快速发展的特殊阶段，价值观尚未成形，可塑性很强，接受能力也很强，但是在这一阶段的中小学生极易受到外界不良因素的影响，红色文化教育有助于中小学生面临外界的种种挑战，具有现实意义。宋毅兵（2016）在《如何发挥好红色文化在中小学思想品德教育中的作用》一文中，从中小学德育的角度提出了红色文化在中小学教育中的现实意义，包括自我防范、自我保护作用；及时引导、早期培育作用；大力培养"四有新人"的需要；有利于团结协作精神的培养；有利于吃苦耐劳精神的培养。[12]陆慧芬（2014）在《传播红船精神提升育人实效——谈"红船精神"在中小学党史教育中的继承与宣传》中，则从党史教育的角度指出红船精神对中小学教育的现实意义，一是引领青少年学生养成良好的世界观、人生观、价值观；二是激励青少年学生养成刻苦学习、知难而进的学习品格；三是锻造青少年学生与人为善、乐于奉献的个性品质；并指引青少年学生树立远大理想、不断创新的坚定信念。[13]

特别是红色文化中的革命精神，在新的时代又焕发出新的意义，有利于中小学生社会主义核心价值观的培育与形成。

三、中小学生红色文化教育的问题与对策研究

随着我国"红色文化热"的兴起，许多省份，特别是老区的中小学都纷纷开展了红色文化教育，部分学者将理论与实际相联系，对中小

学开展红色文化教育的现状进行探析，并进一步提出改善的对策。

（一）中小学生红色文化教育的问题研究

对于当前中小学生红色文化教育存在的问题研究，学者多与具体地区的实践相联系。张兰玲（2011）在《中小学运用红色文化资源开展德育的现状与思考——以河南省为例》一文中，以河南省为例，指出当前红色文化教育的内容缺乏当代意义的诠释和不同学段的梯度递进；教学形式缺乏针对性和时代感、多样性和体验性；教学方法以传统式的说教、活动的成人化为主。其次，现实矛盾较多，师生参与活动的热情与有效时间的缺乏、方式手段的创新与资金设备的不足、实践体验的需求与教育基地的建设、走出校园的愿望与安全风险的担当等等。并且，从纵向衔接来看，中小学之间缺少整体规划和相互沟通，内容方式重复甚至倒挂。就横向贯通而言，缺乏学校、家长和社会相配合、德育和诸育相渗透。[14]项福库等学者则以渝东南地区为例，对老区中小学利用家乡红色文化资源的现状进行了分析，从行政部门、学校、教师与教材四个角度提出了现存的问题，首先是行政部门忽视，资源有待进一步开发。其次是学校重视度不够，对家乡红色文化资源挖掘不够，校园文化建设中没有充分宣传家乡红色文化资源；教师方面，存在着年轻教师对家乡红色文化资源知之甚少的情况，而且面临着课时少、升学任务重的现状，绝大多数中小学教师都以应付考试为目的，只重视书本上的知识，无暇顾及对家乡红色文化资源的介绍与普及。最后，乡土教材中尚未编入家乡红色文化资源内容。[15][16]

（二）中小学生红色文化教育的对策研究

对于中小学生红色文化教育开展的现状，许多学者都从实践角度出发，提出了不同的观点，这也是学者们最为关注的一方面。

张兰玲对于中小学运用红色文化资源开展德育的现状提出改善策

略，将重点放在学校实施层面，并综合社会、家庭各方的力量等。对于学校，她强调加大对学校相关资金、设备的投入，实行教师红色德育的轮训制度，提升教师的水平；并尽快制定相关的评价、督察机制，帮助不同学段及学校间领导、教师的相互交流和共同研讨，引导学校将红色德育纳入常规教育教学体系。对于教育行政部门，她强调加大对红色文化资源开发、整合、保护、管理力度，尽快构建既具全国体系、又富有地方特色的红色资源库，提供适用于中小学的红色德育教材、活动指导资料、红色德育书籍和音像等文化精品，开发、推介以红色教育为主题的网络游戏、建立青少年红色网站。对于家庭与社会各界，她强调社会媒体要引导家庭、社区、教育基地营造出与校园红色德育相贯通的文化氛围，希望教育基地为学生参观、游览，开辟"绿色通道"，并建立一支热心公益事业、关心青少年成长的专兼职讲解员和校外辅导员队伍。[17]

丁丽（2015）在《"红色文化"在中小学德育教育中的价值及应用》一文中，则从学校、教师与学生这三个角度提出了对策。第一，学校教育要结合课堂教学与课外实践，构建"学校教育—红色文化—社会教育"的"三位一体"教育范式。学校在教育教学中运用"红色文化"的书籍、影视剧、革命歌曲和革命故事，并开展丰富多彩的社会实践活动，例如，各种形式的参观活动、社会调查活动、访谈活动和纪念活动等。第二，教师要充分利用现代科技手段和网络资源优势，挖掘红色文化教育资源，组织班级"红色文化"建设，并积极鼓励和引导学生参与班级活动。在教室的黑板报上开设红色资源专栏，以红色图片、文字等形式，介绍红色历史故事和历史人物，在宣传先进革命事迹中，宣扬红色精神；并以班级为单位，组织学生参观红色基地，参观博物馆和纪念馆。引导学生学习红色历史故事及其主题思想，并让学生结合现实生活，谈自己的感想与认识。第三，学校在重大节日和纪念日，利用少先队、共青团的力量对学生开展"红色教育"，参与过程中，学生可以充分发挥自身的主动性，利用网络资源，搜集相关的"红色文化"资料，在自我感悟、自我学习过程中，深入理解"红色文化"的精神价值与实质。[18]

陆慧芬（2014）在《红色文化与中小学德育工作的四个有机结合》一文中，强调在课堂教学中要关注学生的身心发展规律，小学以寓教于乐为主要形式，主要通过红色中队活动，在听红色故事、红色讲座中明理。中学以情理交融为主要形式，系统化、分层次、有针对性对学生进行党的知识教育。对于校园文化的打造，她从校园物质文化建设与精神文化建设两个层面提出了自己的观点。校园物质文化建设上，学校可以利用围墙、教室、楼道、柱子、长廊、橱窗来布置宣传红色标语、红色革命基地简介、革命英雄人物介绍、举办"红色"图片展。精神文化建设上，学校可以邀请展览馆、博物馆、历史遗迹单位来学校举办专题活动。另外，还可利用校园广播或校园电视台，开辟形式多样的革命传统教育专栏，举行"听红色故事""学红色歌曲""分享红色感言""推荐红色书籍"等。并且，创新地提出了校本课程的开发，结合地方革命编写德育校本教材，结合地方的革命历史把"红色文化"知识和"红船精神"结合，并根据学校实际启编德育校本教材开设"红色课程"。[19]

从整体上看，当前提出的策略大多是从学校角度出发，但也有部分学者考虑到了当代网络媒介的巨大力量，也有学者提出了应与社会各界合作，但并没有提出实施的具体措施。

四、中小学生红色文化教育的主要内容与方法的研究

在当前的中小学中，红色文化教育的内容与方法有许多设计不合理的地方。教育内容过于理论化，未考虑到学生的认知水平与接受能力，脱离了学生的日常生活。教学方法也以教师单向灌输为主，存在单调与呆板的问题。学生表面上接受，但并没有发自内心地真正认同。

（一）中小学生红色文化教育的主要内容研究

红色文化的内容十分广泛，包含物质文化资源与非物质文化资源。物质文化资源主要指红色旅游景区、革命纪念馆、遗址遗物与纪念物等，非物质文化资源主要指革命过程中孕育的革命精神、革命故事、红色人物事迹、红色影视、音乐与美术作品等。在学生最希望了解的红色文化内容中，高初中、小学生一致排名靠前的是：革命故事、革命历史、红色人物事例、红色歌曲和舞蹈绘画。在学生喜欢的红色德育活动中，一致靠前的选择是参观革命和建设纪念地或纪念馆；看红色题材电影；组织红色旅游；红色歌曲演唱比赛。[20]学者们都认为在教育内容的选择上，可以是"办一期红色手抄报""读一本红色书籍""讲一个红色故事""看一部红色电影""唱一首红色歌曲""诵一段红色诗文"等，内容丰富但必须适应中小学生所特有的身心发展阶段与现实生活，帮助他们更多地了解革命和建设不同时期的历史和英模人物，引导他们寻找到自己应学和可学的传统与时代精神。

（二）中小学生红色文化教育的主要方法研究

学者们对于中小学生红色文化教育提出的方法主要包括理论说理、实践活动、树立典型与情感体验等，旨在创新教学方法，增强实用性、针对性、趣味性。

尹文剑（2011）在《江西永新县中小学红色文化课程资源开发研究》中提出了四个创新方法，一是有效利用丰富多样的主题活动；二是开设系统的相互衔接的红色文化课程；三是借助网络这个红色文化课程资源开发的重要载体；四是充分挖掘隐性红色文化课程资源。[21]

张兰玲则概括性地提出了四种教育教学方法：一是理论教育法。首先，采用讲授讲解法，结合学科特点，将红色文化融入课程教学。其次，采取宣传教育法，营造良好的校园和班级红色文化学习氛围，将红色文化教育巧妙地融入"校园物质文化""课堂文化""课外文化""制度文化""校园舆论"等多种载体。二是实践教育法。一方面，联系相关社会组织，进行英雄模范人物的走访、慰问、服务；参观革命与建设纪念地、场馆、烈士陵园等。另一方面，发挥家庭在红色德育中特殊而重要的作用，建议有条件的家长陪同学生进行红色文化的学习等。三是典型教育法，即示范教育法。学校可有计划地组织师生观看红色电影等，与学生一起探究英雄模范的传奇人生里所蕴藏的中国共产党兴旺发达的精神内核以及中华民族伟大复兴的"遗传密码"。四是感染教育法。形象感染、艺术感染、群体感染等方法都适合红色文化教育。采用声、电、图、文等多种大众传媒，通过多维、直观、生动的现代化教育教学手段，让学生欣赏和学习红色文化中的艺术作品，加上参观访问、考察访谈、社会服务等实践体验，达到知、情、意、行的统一。[22]

通过以上对近年来中小学生红色文化教育研究成果的梳理，我们可以得出以下结论。对于红色文化的内涵与外延，学者们基本上已从不同角度提出了自己的观点，目前广泛接受从狭义与广义两个层面对红色文化进行整体论述，但学界尚未达成共识。对于中小学生红色文化教育的必要性与价值研究，基本上涵盖了国家、社会与个体三个维度，但缺乏一个全面的表述，往往是不同学者各抒己见。对于中小学生红色文化教育的问题与对策研究，这是当前学者们关注的重点所在，既是出于实际需求，也是体现理论与实践相联系的一块内容，但仍然存在着零散化、感性化、表层化等问题。特别是对于实际操作层面的教学目标、内容与方法，尚未提出开创性的系统化理论，对于实践的指导意义也受到限制。

总的来说，当前中小学生红色文化教育缺乏专著与权威性的论文成果，还有待进一步全面、系统、深入地研究。未来研究的方向可以放在跨学科的理论方法的运用，注重跨界融合的深度与广度；研究视野既关注红色文化变迁的历史，又把握当下红色文化的弘扬与未来红色文化的传承；不断更新研究理念，以新方法、新视角提出更多的创新理论，更深入地研究并解决三个问题："什么是红色文化教育？""为什么要在中小学开展红色文化教育？""怎样在中小学切实开展红色文化教育？"

参考文献：

[1] 中共中央办公厅. 中共中央国务院关于深化教育改革全面推进素质教育的决定 [EB/OL]. (1999-06-13). [2015-06-01]. http：//www.chinalawedu. com/news/1200/22598/22615/22793/2006/3/he7396032197360029150-0. htm.

[2] 李平. 弘扬红色文化 抵制"三俗"之风 [N]. 光明日报，2010-09-03.

[3] 赖宏，刘浩林. 论红色文化建设 [J]. 南昌航空工业学院学报(社会科学版)，2006 (10).

[4] 罗春洪. 红色文化与党的政治文化生成 [J]. 福建党史月刊，2006 (8)：62-63.

[5] 李实. 准确认识"红色资源"的丰富内涵 [J]. 辽宁政工学刊，

2015（12）：23.

[6] 李平. 弘扬红色文化 抵制"三俗"之风［N］. 光明日报，2010-09-03.

[7] 汤红兵. 湘鄂西红色文化的形成及开发——以洪湖、监利红色文化资源为主体透视［D］. 华中师范大学，2006（9）.

[8] 李实. 准确认识"红色资源"的丰富内涵［J］. 辽宁政工学刊，2015（12）：23.

[9] 王以第. "红色文化"及发生机制研究［D］. 优秀硕士论文库，2007（5）.

[10] 马强. 德育视角下的红色文化内涵与价值利用——以皖西红色文化为主体透视［J］. 皖西学院学报，2008（6）.

[11] 何其鑫，向国华，余雪源. 红色文化资源在培育社会主义核心价值观中的应用［J］. 江西社会科学，2013，33（10）：235-239.

[12] 宋毅兵. 如何发挥好红色文化在中小学思想品德教育中的作用［J］. 中共乌鲁木齐市委党校学报，2016（2）：32-34.

[13] 陆慧芬. 传播红船精神提升育人实效——谈"红船精神"在中小学党史教育中的继承与宣传［J］. 黑龙江史志，2014（7）：314-315.

[14] 张兰玲. 中小学运用红色文化资源开展德育的现状与思考——以河南省为例［J］. 当代教育科学，2011（20）：50-53.

[15] 项福库，朱小琴. 老区中小学利用家乡红色文化资源的现状分析——以渝东南民族地区武隆县为例［J］. 思想政治课教学，2014（7）：87-89.

[16] 项福库，何丽，李小华. 中小学利用老区红色文化资源的调研——以重庆市涪陵区为例［J］. 教学与管理，2013（30）：68-71.

［17］张兰玲. 中小学运用红色文化资源开展德育的现状与思考——以河南省为例［J］. 当代教育科学，2011（20）：50-53.

［18］丁丽."红色文化"在中小学德育教育中的价值及应用［J］. 文化学刊，2015（8）：72-74.

［19］陆慧芬. 红色文化与中小学德育工作的四个有机结合［J］. 才智，2014（4）：215-216.

［20］张兰玲. 中小学运用红色文化资源开展德育的现状与思考——以河南省为例［J］. 当代教育科学，2011（20）：50-53.

［21］尹文剑. 江西永新县中小学红色文化课程资源开发研究［D］. 西南大学，2011.

［22］张兰玲. 中小学运用红色文化资源开展德育的现状与思考——以河南省为例［J］. 当代教育科学，2011（20）：50-53.

附录 2 "红船精神"领航浙商精神再创辉煌

作为产生于"三个地"（中国革命红船的启航地、改革开放的先行地、习近平新时代中国特色社会主义思想的重要萌发地）这块热土的浙商既是在改革开放中成长起来的，又推进了改革开放的进程，也是习近平新时代中国特色社会主义思想的重要践行者。在这次抗击新冠疫情过程中，浙商的表现更是让人刮目相看，这是浙商精神的体现，更体现了红船精神。红船精神所蕴含的价值观代表着最高阶的价值观，事物的发展规律就是朝着价值最优的序列成长的，能代表最高阶的文明，才能汇聚天下的资源和支持。[1]因此，需要用红船精神引领浙商精神更好的发展深化。

现代企业不仅生产产品，更要有"品牌"思维；做"品牌"就需要有"文化"思维，做"文化"就需要有"文明"思维。总之，企业需要有鲜明的价值观，浙商及浙商精神进一步发展，不仅要做产品，更要深化价值观。需要红船精神引领浙商精神破浪前行。

一、发挥红船精神中奉献精神的意蕴，厚植浙商精神的利他基因，促进浙商长期发展

浙商精神中的利他基因是浙商精神的根本生命力所在。做企业就是做人，大凡成功的企业，企业主一定是把企业作为人生使命来对待的，在发展企业过程中完成人生使命，在完成人生使命过程中找到神圣感和价值感。这样，就将个体的生命与其他生命连接起来了，因此，有无穷的力量源泉。具有这种使命意识的浙商表现得特别勤奋、吃苦、敬业、节俭。一个个浙商正是以这种使命感，行遍天下，在打造利益共同体过程中形成命运共同体，不断进取奋斗。从历史的角度看，改革开放以来，第一代浙商投身商海最初可能是为了摆脱贫穷，一旦温饱富裕后，有些企业小富则安，不再有创业的劲头。而坚守下来并且取得成就的往往是能把个人的奋斗梦和国家的复兴梦结合起来的企业家。一旦将企业的命运与国家民族的命运结合，就不仅会考虑自身的生存和发展，更会考虑企业的长期发展。企业自身的运行和发展对社会的贡献成为第一位的考虑，这维护了包括企业主在内的整体利益，表现出利他性，这也是企业生命力的不竭源泉。在这次抗击新冠疫情战役过程中，很多浙商都牺牲自己和公司的利益，免费为客户和供应商提供支持。浙商浙企用实际行动展现着他们的奉献，恒林股份、阿里巴巴、娃哈哈、传化集团、正泰集团等众多浙商浙企紧急行动，为抗击疫情贡献力量。

红船精神是中国共产党革命精神之源，"立党为公、忠诚为民"的奉献精神体现的是中国共产党人的崇高价值追求。中国共产党从成立之日起，就把"全心全意为人民服务"作为党的根本宗旨，把马克思主义和扎实有效的革命道路结合起来，走出了一条中国历史上从未有过的

救国、兴国和强国的道路。因此，红船精神可以滋养和提升浙商精神。红船精神中内涵的利他基因，促使人们将个人的生命与整体生命连接，这样才能获得源源不断的力量支持。其所作所为不只是为自己谋私利，更是为了大多数人过上好日子。也只有实现了大多数人幸福美好生活，个人的真正幸福才能真正安稳。这样，才是真正的力量之源，才能在逆境中保持向上。这种利他基因有助于帮助企业扩展思维、紧跟时代，不断探索进取，甘于奉献、为国为民解忧，相应地自身才能长期发展。

弘扬红船精神中的奉献精神，厚植利他基因，还能帮助企业理性发展，不为竞争而盲目扩大规模，不只为追求利益而扩张，更多考虑能否满足人们对美好生活的需要。这样，才不会盲目超越自己能力去追求过多扩张，而是根据自己的能力和资源，合理的拓展企业商务。这样，企业在面临各种各样社会环境变化的过程中，始终以顾客需求为导向，强化企业自身的核心能力，再从自己的强项出发，拓展相关的一些周边业务，避免盲目扩大的陷阱。

一些倒闭的企业，广告策略偏离了诚信的基本要求。偏重策划，规模虽大，但是，大而不实。搞来搞去，看起来八面玲珑剔透，风头十足，缺乏根本的利他指导原则，企业容易陷入成长得快，倒闭得也迅速的陷阱。2019年，一大批中国著名的民营企业集团，从年初到年末接连爆发资金链断裂新闻，陷入彻骨寒冷的濒临破产重组的困境，包括海航、三胞、丰盛、金盾、盾安、精工、银亿……这些集团的发展路径大致相似。[2]总之，对企业来说，不把共同体的福祉放在心上，共同体成员也会远离它们。当代企业的发展，以人为中心的理念得到进一步落实，人与人之间以利相交，利尽则散；以势相交，势败则倾；以情相交，情断则伤。对企业与消费者来说，不是要形成"依赖"和"被依赖"、"利用"和"被利用"的关系，而是要形成彼此的接纳，相互的成全和成就的关系，企业留住消费者的最好办法就是成全和成就对方。

二、发挥红船精神中首创精神的意蕴，培育浙商精神的创新基因，促进浙商勇立潮头

红船精神中的首创精神，在浙商中得到了充分的体现。很多人对浙江的印象是诗画江南，鱼米之乡，以为浙江天生就是富庶之地。其实，浙江从来谈不上优越。资源上，多项能源、矿产储量在全国范围内处于末位。农业上，"七山一水二分田"，暴雨、洪灾频发。交通上，山高水深，地形复杂，并不都是小桥流水人家。可见，浙江的富庶并非天赐，而是浙江人创业创新带来的，浙商极具想象力，耕地不足，就将山川湖海的馈赠发挥到了极致。极富创造力，三百六十行，行行出状元。他们从不信命，只要敢拼，一切皆有可能。他们既能脚踏实地也能仰望星空。在浙江这片土地上诞生了太多从无到有的奇迹，而这种创新创业精神使他们勇立潮头。

"2019 年，中国民企 500 强榜单，浙江占 92 席，21 年蝉联全国第一。800 万在外浙商每年创造的财富总值与浙江省 GDP 相当。"不生产皮毛的地方海宁是全国最大的皮革市场，金属矿产资源贫乏的永康是五金之都。"改革开放 40 多年来，从创造诸多'全国第一'，到造就不少'全球之最'；从境内外上市，到收购海外知名公司；从诞生阿里巴巴等互联网巨头，到'创客'遍地、'独角兽'成群，一代又一代浙商如钱江大潮前后相继、滚滚向前。"

浙商善于学习，善于思考，打破惯性思维，有更广阔的视野，看得到机会，并且在此基础上善于抓住机会，敢于"吃螃蟹"，他们高瞻远瞩，能发现别人不容易发现的赚钱机会。他们不断地试错，为的是寻求

更大的成功。他们有胆量，敢拍板，有组织能力，能把各种生产要素组织在一起，体现了敢于尝试、敢于突破、敢于奋进的精神品质。他们常常是"人无我有，人有我新，人新我先"的你追我赶不断创造。他们的创新，是艰苦思维基础上的创新。[3]

真正的创新拒绝盲目的缺乏科学思考和验证的冲动、反对理想化决策的浪漫主义，深谙市场的残酷性并做好充分的认识和准备。目前，浙商发展进入了新时代。新时代需要发挥红船精神中首创精神的意蕴，浙商在发展过程中必须牢固树立、全面实践新发展理念，深度融入解决新时代社会主要矛盾的历史进程，充分发挥在推进供给侧结构性改革、推动高质量发展、建设现代化经济体系的重要主体作用，抢抓数字经济、"一带一路"、新一轮科技革命和产业变革、军民融合等历史机遇，积极参与大湾区大花园大通道大都市区等重大战略实施和重大项目建设，加快推进企业上市和并购重组，实现凤凰涅槃。"以'干在实处永无止境，走在前列要谋新篇，勇立潮头方显担当'的时代使命，为浙江在决胜全面建成小康社会、夺取习近平新时代中国特色社会主义伟大胜利的征程中继续走在前列提供强劲的支撑。"

三、发挥红船精神中奋斗精神的意蕴，巩固浙商精神的担当基因，激发浙商无穷潜力

发挥红船精神内蕴的奋斗精神，巩固浙商精神的担当基因。红船精神中的奋斗精神力量之源在于理想信念，心中有信念，脚下才会有力量。浙商是市场经济蓬勃发展的生力军，浙商发挥"苦干""实干""慧干"的精神，以中国特色社会主义的共同理想和信念作为内在驱动力，不断创造着一个又一个经济奇迹的同时，传递着一个个感人的担当

故事。体现红船精神的担当意蕴是浙商精神的一个重要力量源泉，红船精神昭示着奋斗的初心和使命——民族振兴、国家富强、人民幸福。浙商奋斗的源泉和根基是民族国家和人民这样深厚的基础，因此，浙商的探索和奋斗都逐渐汇聚在践行这个初心和使命的大道上。浙商的奋斗实践激活了担当精神，他们富而思源，富而思进，他们在经营活动中充分尊重人民，自觉维护人民利益。浙商的奋斗实践激活了担当精神，这样，浙商的奋斗不仅表现在经济奇迹上，更在精神状态和精神境界上展现着浙江最高风采。在民族国家和人民处于危难关头，自觉勇敢站出来承担救危济难的责任是大量浙商。在这次抗击新冠疫情的重大考验中，彰显了浙商群体的智慧胆识和作为，他们不仅捐钱捐物，还在第一时间，发挥企业全球营销网络优势、供应链优势及世界浙商资源。众多浙商牵头部署，全球范围内紧急采购医用防护物资，并过国际物流渠道发回国内。有的企业开放全国27个省市自治区50余个公路港城市物流中心的仓储资源，为各类抗疫救援物资持续提供免费仓储服务。有的企业正式开通国内及全球绿色通道，免费从海内外各地为武汉地区运输社会捐赠的救援物资。

随着形势的不断变化，还需要进一步防范化解风险隐患，为此，需要发挥红船精神中的奋斗精神的意蕴，相信办法总比问题多。在日常行为中，精益求精；严谨，一丝不苟；耐心，专注，坚持；专业，敬业。如此，才堪当大任。

能力越大、责任越大，已拥有大量财富和社会资源的浙商，需要承担起更多的社会责任。前几年，一些浙商忽略了对国家对民族对人民的担当，眼里和心里只有钱，有些人借杠杆赚快钱、炒房、炒煤、炒资源，一些人脱实向虚、摒弃了主业，还有一些人热衷赌博，最终都付出了惨重的代价。这些反面的例子提醒我们，需要在红船精神引领下，发扬浙商精神。

新时代浙商的进一步发展，需要从"红船精神"中汲取营养，立基于共同体利益的追求，保持创业创新的激情，在防范化解风险隐患等重大考验中彰显担当，激发直面矛盾的斗志，再铸辉煌。

参考文献：

　　[1] 习近平. 弘扬"红船精神" 走在时代前列 [N]. 光明日报，2005 年 6 月 21 日.

　　[2] 吴晓波. 大败局 [M]. 杭州：浙江人民出版社，2001.

　　[3] 杨宏建. 浙商是怎样练成的 [M]. 北京：北京工业大学出版社，2006.

附录 3　学党史，悟思想，见行动

——新时代"红船精神"进课堂的创新学习

2021 年是中国共产党成立 100 周年，全国各地都掀起了学习党史的热潮。青年兴则国家兴，青年强则国家强。学党史，悟思想，见行动。在这轰轰烈烈的党史学习大潮中，我们更要结合时代特点，深刻领悟伟大的建党精神，大力弘扬"红船精神"，努力做"红船精神"的忠实践行者；我们必须全面推进社会性教育系统变革，让"红船精神"进学校、进课堂、入人心，坚守红色根脉、传承红色基因，培养有理想、有本领、有担当的时代新人，自觉成为中国特色社会主义事业的建设者与接班人。

"在哪里用，就在哪里学。"学习的本质是参与真实的实践。情境学习理论认为，你要学习的东西将实际应用在什么情境中，那么你就应该在什么样的情境中学习这些东西。习近平总书记指出，我们要用历史照进现实、远观未来，从中国共产党的百年奋斗中看清楚过去我们为什么能够成功、弄明白未来我们怎样才能继续成功，从而在新的征程上更加坚定、更加自觉地牢记使命、开创美好未来。广大青少年学党史、悟思想、见行动，更加离不开具体的学习情境，要走进历史情境学、联系现实情境学、结合运用情境学，做到"干中学、学中干，学以致用、

用以促学，学用相长，千万不能夸夸其谈、陷于'客里空'"。（习近平，2013）

一、走进历史情境学

以史为鉴，砥砺前行。历史是过去的事情，是客观存在的事情。习近平总书记在党史学习教育动员大会上指出："要旗帜鲜明反对历史虚无主义，加强思想引导和理论辨析，澄清对党史上一些重大历史问题的模糊认识和片面理解，更好正本清源、固本培元。"[38]青少年学党史，从小就要树立正确的党史观，反对历史虚无主义。没有共产党就没有新中国。中国共产党百年发展史，就是不断为人民奋斗、不断为人民奉献、不断为人民谋幸福的历史。学党史，悟思想，见行动，就必须走进中国共产党领导人民艰苦奋斗的百年历史长河，打开历史画卷，通过"史料实证"，勾连古今，再现历史情境，确认史实，理解史事，拓展历史视野，丰富学习内容，拓宽学生的知识面，客观评价史事，检验历史认识，形成正确的史料意识，调动学生学习兴趣，培养学生历史思维能力，历史解释能力，促进学生历史观的形成和历史方法的掌握；此外，还可以通过综合运用田野调查，让党史贴近生活，增强学习活动的亲和力，引起学生共鸣，增强学习实效。在真切的历史情境中，学生如临其境、如闻其声，回望过去、追思故人、感悟思想情感。比如，组织学生参观革命博物馆、纪念馆、党史馆、烈士陵园等红色基因库，还可以开展红色研学旅行活动。据报道，嘉兴有所学校开展了寻访红色足迹，传承红色基因——"红船少年"研学旅行活动。40名少先队员组成多支红色研学队伍，追寻革命先辈足迹，开展新时代"重走一大路"红色研学活动，引导"红船少年"心向党，推进党史学习教育走深走实。研学的各支队伍跟着有关儿童文学作品所描述的情境路线，携着一张研学地图，到达狮子汇渡口遗址公园。中共一大代表的铜像静静屹立，气度万千的历史场景呈现在大家眼前。少先队员们聆听红船故事，朗诵诗歌《红船从这里起航》，齐唱自创歌曲《一叶小红船》《红船少年心向党》。

二、联系现实情境学

习近平总书记（2019）指出，在学习理论上，要"往深里走、往实里走、往心里走，把自己摆进去、把职责摆进去、把工作摆进去，做到学、思、用贯通，知、信、行统一"。

研究发现，当学习者"投身"于情境之中时，他们的心智能够被充分激活。"生活即教育。"陶行知先生认为，真正的生活教育是"以生活为中心的教育"，是"供给人生需要的教育"，是生活所原有的，生活所必需的教育。教育与生活是同一过程，教育含于生活之中，教育必须和生活结合才能发生作用。联系现实情境学党史、悟红船精神，就是要立足广大青少年现实生活实际，以真实性任务驱动党史学习教育活动。任务是人们在日常生活、工作、学习、娱乐等过程中所做的各种各样的具体事情。任务一般有一个真实的目的，以意义为中心，它有一个明确而有实际意义的结果。一项任务既是活动的具体内容选择，也规约着完成任务的过程与方法、手段。任务驱动的学习活动，不同于一般的"书本驱动""读本驱动"，它要联系实际创设真实的具体的任务情境，让学习者在完成真实任务的过程中学习。比如，让学生担任红船精神或党史馆"讲解员"。嘉兴地方党史陈列馆陈列着从五四运动到解放战争间的宝贵史料。据报道，每学期，秀州中学都会组织学生利用班会课时间轮流进馆学习，并且组建了一支50人的义务讲解队，专门在节假日为游客服务。学生讲解员夏林云告诉记者，为了对那段历史了如指掌，课余时间她常常会和其他队员一起钻研改进讲解词，回家后阅读红色书籍、汲取素材，现在对那段历史理解得更透彻了。对幼儿园的小朋友来说，用积木搭建红船模型是他们乐此不疲的探究活动。在嘉兴市第二幼儿园，一双双稚嫩的小手用近千块木板搭起了一艘红船模型。围绕着红船模型，孩子们还搭建了南湖革命纪念馆等南湖地标，装扮了红色剧场、南湖纪念品商店、红色播报台等区域。这里，"小南湖"成了孩子们平时最喜欢的游戏区。

任务形式可以是项目设计、问题探究及其他类型的"做中学"活动。学习者全体或部分成员共同讨论、设计、选择真实任务，并有机地融合到学习者日常生活、工作、学习、娱乐等活动过程中，全体参与者动手、动脑、用心，亲身体验、经历学习过程，变被动灌输为主动探究、深度浸入式学习，提高党史学习教育的实效性。

三、结合应用情境学

读书是学习，使用也是学习，并且是更重要的学习。当代国际学习研究结果表明，当学习者理解可迁移的概念和过程，给其提供更多机会将理解的内容应用到有意义、真实的情境时，才更可能获得长期的成效。学党史，悟思想，见行动，大力弘扬"红船精神"，我们更需要在真实应用的具体情境中学习，做到学用相长，知行合一。

评价是认识活动的一部分，尤其是价值认识活动不可缺少的一部分。缺少了评价环节，就缺失了信息反馈机制，教育过程就不完整，我们就难以判断或验证教育活动是否达到预期目标、参与的学员（学习者）是否学有所获。评价不仅能够量化学习者的学业表现，也可以促进或引发学习行为。

　　真实应用评价就是在真实的生活环境中评价学习者的表现，它要求学习者完成一个真实性任务，用以考察他们学习掌握，以及实践、问题解决等多种能力发展情况。真实应用评价强调评价任务的真实性，评价任务应与学习者在现实生活中、工作中遇到的问题相同。在真实应用评价中，评价是学习的一部分，是发展变化、不断促进学习的一个过程，而不是一个终结。如评价学生的游泳技能掌握情况，不是让学生以纸笔测验的方式回答一些有关游泳技能的问题，而是让学生到游泳池或河水中真正游一段，从而真实地展现其游泳水平。

　　比如，杭州市余杭区太炎小学为了进一步弘扬红船精神，引导青少年全面认识、深刻理解党史和习近平新时代中国特色社会主义思想，举办了"红船领航"主题演讲比赛，传承红船精神，争当红船少年。选手们纷纷表示，要争当红船精神的学习者、继承者和传播者，为红船精神的传承与弘扬，贡献自己的一份力量。针对演讲比赛活动，我们可以设计这样一个真实性评价任务——"做社团小记者"，要求参与的同学在比赛开始之前就以小组的方式去研究主题演讲比赛的有关信息，在比赛的过程中做好相关记录，并且采访其他出席比赛的人员，收集他们的看法与感想，然后撰写一份适合在社团或校报上发表的介绍主题演讲比赛情况的文章。通过社团小记者合作完成报道的任务，衡量与评估同学们参与主题演讲比赛的真实感受与收获，引导主题演讲比赛活动朝着更加真实的任务和结果推进，因而能够改善、促进主题教育学习活动，这样学生对他们的职责也会更加清楚；我们也会确信对提高教育活动的质量而言，"评价结果不但是有意义的，而且也是有用的"。